の結果を生み出す

心友力

その気配りで人生を拓く

熊川次男

幻冬舎MC

目次

熊さんの名著紀行

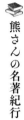

心友力とは何か

私は、91歳になる現在でも、群馬県内外で現役弁護士として活動しています。1958年に司法試験に合格して弁護士になりました。1979年には衆議院議員に当選、それから連続して4期当選を果たし、大蔵政務次官も務めさせて戴きました。

クマさんマークの「熊川さん」で覚えていてくださるかたもいらっしゃるのではないでしょうか。

これまでの人生の中で、はたと思い浮かび、ながらく涵養《かんよう》してきたキー・フレーズが〈心友力〉です。心友力とは、相手の心の理解に気を配り、相手の心とうまくつながり、自分の心と相手の心の一致・融合を目指し、相手の心が「欲していること」を推察した上で、その欲求を満たすために、自発的な支援活動を行う能力を指しています。

この能力――心友力――を発揮するためには、まず、相手の心に溶け込むことが肝心なので、いわゆる知識や社会的地位、職業、学歴などは、ほとんど関係ありません。心友力を身につけ、発揮するための前提になるのは「バランスのとれた自己認識」です。

「相手を理解する」ということは、相手に「自分を理解してもらう」ことでもあります。そのためには、相手に対し、自分がどのような人間であるか、それを包み隠さずに示す必要があるでしょう。それは今、この本を開いてくださっているあなたに対し、私が行わなければならないことと重なるかもしれません。

しかし、その前に〈心友力〉の基調となる４つのポイントを明らかにしておきたいと思います。本書に記す私の経験もまた、この要点に貫かれているからです。

全方位に向けて感性を開き、
自分の心の鏡に、
外界のすべてが映り得るように努める。

心の鏡に映ったものに、
素早く、適切に対応するため、
いつでも心に余裕をもつ。

気を配りながら、相手をよく観察し、
その欲求をかなえる手助けをする。

相手を動かそうとするのではなく、
相手に自発的に動いてもらう。

まずは相手の感情を尊重、承認する。

『人間通』

谷沢永一（新潮選書）より

現代および近未来の主要人物《キー・パースン》は特技の人である必要はない。極言するなら人間の器量としては凡人でもよいのだ。世に尽くす誠意と情熱があればそれで十分である。／天賦の才はなくとも、心を傾け身を努める心働きによって誰でも達することと可能である。組織の要《かなめ》となり世の礎《いしずえ》なりうるための必要条件はただひとつと言える。それは他人《ひと》の心がわかることである。ただそれだけである。／他人の気持ちを的確に理解できる人を人間通と謂《い》う。／人間が生涯をかけて最も強く追い求め欲しがるものはなにか。詰まるところはただ一筋、自分が世間から少しでも高く認められる評価である。測りしれぬ財宝を蓄えて深山の洞窟に埋めこみ、ぜったい誰にも知れぬよう隠し通した者はいないであろう。欲望の象徴である富ですら究極の目的ではない。あれだけの産を成したのだ偉い奴やと世に喧伝されたいのが願いであろう。人が何事かにひたすら努め励むのは、自分の名前を世に広めてもてはやされたいからである。人間は息をひきとるまで生涯をかけて、私を認めてくれ、私を認めてくれと、声なき声で叫びつづける可憐な生き物なのだと思われる。

米国の心理学会で会長まで務められたアブラハム・マズロー教授の「欲求の階層説」や、ウィリアム・グラッサー医学博士の「選択理論」などを併せて読むと、右の『人間通』の文章で、谷沢氏がとくに力を入れている分析対象が「承認欲求」であることが、よく分かります。

とくに、熱意と情熱さえあれば、あとは何も要らずに、世間でも〈一応の人物〉と認めてくれる、という主張を読んだときの、眼前の霧がパッとさわやかに開けたような、発想が次の段階に転換される瞬間の納得と気持ちよさは、今でも鮮明に覚えています。

ただし、著者は〈一応の人物〉として認められるために、2つの条件をつけています。一つは〈他人の心が分かること〉、もう一つは〈他人の気持ちを的確に理解できること〉です。そして、心を傾け、身を努める〈心働き〉によって、この2つの条件をクリアできることも暗示してくれたように思います。

私は〈他人の気持ちを的確に理解した〉段階の上で、さらに理解した他人の気持ちを充たしてあげるために、(その当人から頼まれる前に)こちらが積極的に行動で示すことが、本書で述べる〈心友力〉の一側面に通じると理解しています。

父から受けた独立自尊の躾

１９３０年、私は群馬県・吾妻郡の嬬恋村に生を享《う》けました。嬬恋村は、村民の約90％が農業に従事する典型的な農村です。４歳ぐらいの頃でしょうか。自宅一階の玄関を入って、裏口に通じる土間の天井につばめが巣をつくり、出入りしていた光景は、今でも鮮明に蘇ります。

村内の家はほとんどが木造の2階建てでしたが、私の実家は大量の蚕を飼育するため、珍しく3階建ての造りでした。ひとつ屋根の下で暮らしていたのは、11人。祖父母と両親、私の兄弟姉妹を合わせて10人の家族と、１人のお手伝いさん。それに、動物も同じ屋内で飼育していました。

村は豪雪地帯のため、家畜を野外で飼う家はほとんどありません。そのため、馬や牛、山羊は1階の土間部分の右側で飼い、土間の左側の広間と座敷の6部屋で、私たち家族全員が食事をし、来客を迎えました。もちろん、土間には壁などはありませんが柵があり、その奥の部屋で寝起きや応接をする以外は、いつでも家畜と対面生活でした。

ガスや水道設備もなく、薪に枯木や材木の余材を使って煮炊きし、生活のために使う水はいっさい川の水でした。馬や牛は、農産物を満載した荷車を引いたり、畑を耕したりと農家には欠かせない動力源でした。

馬は、毎年、春になると子馬を出産します。しかし、その可愛らしい子馬はその年の秋になると競市で売られてしまうのです。まるで親馬を探すように「ヒヒーン」と鳴く声も、まだ耳に残っているようです。子供心に別れはとても悲しかった思い出です。しかし、それらの家畜も、自動車の普及に伴い、現在の孀恋村にその姿は見られません。

今とは違い、太平洋戦争終戦までの日本の相続制度は、兄弟姉妹の有無や数にかかわらず、長男がすべての財産を相続する家督相続の制度でした。私の実家においても、父はただ一人の相続人に法で決まっている兄をきわめて大切に扱いましたが、私や他の弟姉妹は軽く扱われていました。

それでも父は温厚な性格だったので、あの時代にはよく見られた子供に手をあげるということはいっさいなく、「人は話せば分かる。暴力的躾は、何の役にも立たない」というスタンスの人でした。

私には、「お前は、とにかく好きなことをしろ。外国に行ったってよいのだ」などの言葉も時折耳にしました。

今にして思えば、このような父の言動が、私に「自主の企画や自主責任」の覚悟を抱かせたのかもしれません。そんな環境にあったため、私は自分の考えていることを自由にやらせてもらえる環境にありました。

勉学で知の世界を見学する

近頃は、自分の能力や素質を深く確かめようともせずに、自分には大した能力、優れた才能なんかないなどと早合点する人が少なくないようです。おまけに、そのような早合点と、早合点に発する人生への諦めにも似た態度をもって「現実をありのままに客観視した〈目活者〉」などと自認し、なけなしの自尊心を充たそうとしているようにしか見えない人もいるようです。

その反面、職場などでは「誰も、自分を認めてくれない」と不満を漏らしやすいのです。このような態度や思考回路ではどのような場所にいても周囲の人に気を遣わせるばかりで、なかなかうまく馴染みにくいでしょう。

そもそも、一人の人間のもつ可能性——才能や素質のありのままを、自分一人で測定することなどできないでしょう。備わった才能や適性の萌芽を、幼いときから自覚できる人は稀だと思います。先に書いた通り、私は父から「好きなことをやれ」と言われて育ちましたが、実際のところ、自分が「何を好み、どんなことに適性があるのか」は分かりませんでした。

振り返ってみれば、支那事変が始まったのは、私が小学1年生のとき。小学3年生頃になると、先生に引率されて、日本軍の兵隊さんが勇敢に戦闘している戦争映画を映画館で見せられる回数もだんだん増え、小学生ながら敵国を撲滅し、勝つために、自分に何ができるか、どのような考えで、どう行動することが良い学生かというようなことを、誰もが考えるような教育、公益最優先の教育を受けました。

そして小学5年生の12月には、太平洋戦争が開戦しました。今の学校教育とは違い、私たちの時代は、小学校の入学当初から、戦争に勝つため、国家のために最善を尽くし、最大の犠牲をはらえる人間を養成するための、全体主義教育の傾向が年々強くなりました。

同じ時代を過ごした方々の多くが口にするように、当時は国家の方針に背く素振りや行動をとる人は「非国民」と呼ばれ、周囲から白い目を向けられる世相。他方、国家のために自分を犠牲にしている人は「模範国民」。中でも「超模範国民」は、自分の大切な命を国のために犠牲にして奉仕した者でした。

私の地元、群馬県の「超模範国民」は、前橋市出身の岩佐直治さんでした。太平洋戦争の開戦時、特殊潜航艇に乗り込み、いわゆる真珠湾攻撃を果たして、その直後に戦死した岩佐さんは「軍神岩佐」として二階級特進し、全国民の尊敬の的となりました。文部省指導の下に、修身の授業（現・道徳の授業）において、私たち学生らは「軍神を見習え、軍神を目指せ」の教えを授かって育ったのでした。

その頃、従来は尋常高等小学校と呼ばれていた小学校の名前が国民学校へと改称され、徹底的に全国民の役に立つ人、国家に尽くす人を育てることを目的とした教育が日増しに強くなりました。

私もまた、国民学校の卒業（現・中学2年生修了）直後に、海軍飛行予科練習生の試験を受けました。これは、わが国を爆撃するための戦闘機を満載にしたアメリカの戦艦を撃沈するため、飛行機もろともそのアメリカ戦艦の機関部に突っ込み、自爆することを使命とする特別攻撃隊員になるための学校と理解していました。

生まれて初めて、1泊2日で県の中央の試験場に向かい、筆記試験、体力検査、面接試験を受けました。会場にはかなりの数の受験生が集まっており、合格者は少数のようでしたが、私は合格させて戴きました。この時の意気軒昂の感激は、日本の繁栄、日本が主導してアジア全体の平和と繁栄を実現する〈共栄圏〉の建設の捨石(!?)のひとつになれるかもしれない、という自負心につながっていたようでした。

しかし、1945年8月15日の玉音放送によって、私のそれまでの人生の目標は完全に狂いました。激動の毎日を精神面で支えてきた羅針盤が消失し、周囲の大人たちの言葉もてんでばらばら、虚実混こん淆こう、憶測乱舞……まるで無政府状態のごとき日々が始まったのです。

しばらくして、村役場から全戸に通達が出されました。

「日本刀を持っている人は1本残らず、すべて提出すること。提出洩れが後で発見された場合には、生命の保障はない」

わが家には、骨董としても価値をもつ刀から廉価な実用刀まで、大小合わせて11振りの刀がありましたが、私は両親に黙って密かに1振りだけ、養蚕用器具の物置きの隅に隠したのでした。その刀は、支那事変の際、親戚のおじが2人の敵を斬ったと言い伝えられていたものです。もし、戦勝国の者がやって来て、穏当を欠いた言動があった場合は、その刀で斬り飛ばしてやろう、との執念でした。

幸いにも、というべきなのか、私が刀を振るうことはなく、これから先の人生を腕、技量で生きていこうと、実業高校の土木科に入学を決めました。それでも、人生の大転換を迎え、気持ちはなかなか落ち着きません。とくに社会科では、黒塗りどころか、教科書とされる本が1冊もなく、2週間に1回ぐらいの不定期で、両面に印刷された新聞紙1枚ほどの大きさの紙が渡され、それを資料にして授業が進められました。

しかし、その内容は、小学1年生から上級校入学の直前までに受けた内容とは、180度も相違するもので、驚きというよりも、憤りに近い気持ちを抱いたものです。頭の芯、心の底から、人生の目標、体の背骨、日々の行動の座標軸としてきた基盤原則が、終戦を境に、かくも大変転することが真理にかなうのかと、悩みが続きました。

この時、教育の方向性とは別に、終戦を挟んでも、まだ変わっていないことがありました。それは体罰です。嬬恋村は進学した学校から遠く離れていたので、私は高校付属の寄宿舎に入っていました。学期が始まって10日も経ないうちに、寮の上級生のボス的な者から集合が命ぜられ、私たち新入生が集められ、いきなり正座を強要されました。

「お前ら、ナマッているんじゃないか!」

そんな声があった瞬間、他の上級生が、新入生全員に往復ビンタを見舞ったのです。それどころか、ビンタを見舞った上級生たちに対し、ボス的な男が「ヤキというのは、こういう風にやるんだ！」と言い、いっそう激しい両手でのビンタが正座の全員に飛んできました。ここは軍隊ではなく、学び舎の寮なのに、どうしてこんなことをするのか？　私には皆目、理解できませんし、怒りが湧きましたが……学年の先輩は、あくまで先輩。当時、その上下関係を覆すことは不可能。この方々に対抗するには、勉強で勝負するしかない。そんな気持ちを抱いたのでした。

その後、似たような〈ヤキ〉がもう一度行われた直後頃、寮監（寮生の監督をする教諭）から、全寮生に訓辞がありました。

「このたび、マッカーサー司令部からの通達により、いかなる理由にせよ暴力はいっさい禁止とされることになった。今後は、これを厳守するように！」

以後、上級生による陋ろう習しゅう的暴行はいっさいなくなりました。

私は、これも民主主義というものの一端かと、これまでの全体主義と対比しながら、勉強への熱意が強くなったように感じたのでした。

晩秋から冬期にかけて、生家の農作業は閑期に入ります。これは農家にとっては時間の余裕が生じるということですが、同時に、農作物の収穫が終わり、収入が減ることを意味します。遠く離れた実業高校の学生寮で暮らしていた私は、少しでも両親からの仕送りの減額を図ろうと考えました。

ともに暮らしている寮友は約70人。学友が小遣いをはたいて買ってくれそうなもの、喜んでくれそうなものは何だろうかと考え、列車の学生割引の制度を活用して、東京・秋葉原の書物卸店まで出かけ、英語関係の参考書を仕入れ、寮友に販売する〈セドリ〉で、学友からも喜ばれました。

冬には、これを林檎でやればいいと思いつきました。当時、群馬県内で林檎園をもっているのは農学校と農事試験場ぐらいで、それもわずかな面積だけ。群馬県で林檎は貴重品でしたが、隣の長野県では林檎農家が多かったので、日曜日には学割を利用して長野県須坂町の農家を訪ね、大きなリュックサックいっぱいに林檎を買い込み、帰って寮の縁側に広げました。瞬く間に、完売です。

こんな具合に、実業高校の学生寮での生活は厳しくも、充実したものでしたが、私に迷いがあったことは確かです。実業高校の最終学年を控え、進路をどうするのか。自分にそもそも何かの才能や能力があるのか。それも分かりませんでした。社会科の安原先生の言葉に惹かれたのは、まさにそんな時でした。

「法科万能という言葉もあり……各種の職場において、リーダーとなる人には法学部出身の者が少なくない」

私は大学進学を目指すために、実業高校から進学校へ編入することを決めました。

そもそも、一人の人間のもつ可能性――

才能や素質のありのままを、

自分一人で測定することなどできない。

備わった才能や適性の萌芽を、

幼年期に自覚できる人は稀である。

『心をつかむ人間力』

新井喜美夫（グラフ社）より

「企業は人なり」と言うと、それはトップのことだけを指しているように解釈する人が多い。しかし、実際にトップがいくらやったところで、それは全体の一人にすぎない。／社長から新人社員にいたるまで、すべての人が仕事をしている。勤めている人々全員を含めて、「企業は人」ということなのである。／要するに、人は物ではないのだから、「人を動かす」ためには、いろんな問題意識を持って、「かけがえのない人間」として見ることが必要だということである。逆に、トップも人間なのだから、決して「神格化」しないことである。／お互いが人間としては対等なのであり、それぞれが自分の仕事を通じて自分の人生を充実させよう／権力だけで人を動かすことなどできないし、小手先のテクニックも通用しない。／「人を動かす」とは、「人の心を動かす」ということだ。

そういう前提の下に、人間に対する愛情とか、親しみ、興味、いたわりといったものを常に失わないということが最も重要なのだ、と私は考える。

著者の意図は理解できるのですが、私自身は「人を動かすため……」という表現は、書く場合にせよ、話す場合にせよ、できるだけ使わないようにしています。なぜなら、まさに筆者が述べているように、人はモノではなく、誰であれ、他に替えることのできない個人、互いに対等な存在なのですから。

その本質的な関係性の中で「人が、人を動かす」という表現は、あまり説得的ではないように感じます。むしろ、「人が（別の人のために）自発的に動く気持ちになる／なってもらう」ためにどうすればよいか、この問いこそが重要なのではないでしょうか。そうすれば、同書で述べられている「人の心」にうまくつながり、自発的に何かを実行したいと、人が自信をもてるような気配りができるようになるかもしれません。「操る人／操られる人」、「動かす人／動かされる人」という対立関係や上下関係を連想させず、純粋に、対等に「動いて戴ける状況／環境」を作り出せる人、友の心を知り尽くすための努力を重ねている人こそが、心友力に充ちたリーダーにふさわしい人。それが、著者の説く「人間に対する愛情とか、親しみ、興味、いたわりといったものを常に失わないということが最も重要」の論旨につながるのではないでしょうか。

母の無言の教え「努力志向と人交わり」

母は、私の生家で仕事のお手伝いをしている折に、その真面目さや明るい人交わりに好感をもたれ、父との結婚に至ったそうです。母は普通の人よりも小柄で静かな性格でしたが、仕事の能率や働きぶりは、常人をはるかに凌駕していたように思えました。10人以上の家族やお手伝いさんらの3度の食事の世話をしながら、父と遜色ないほどの野良仕事をこなし、父が昼食後、昼寝をしているときにも、3時のおやつを用意するなど、休憩とは無縁の人でした。小学5年生ぐらいの私でも、その活動ぶりは分かりました。

いつの頃からか、自然に「母の仕事を手伝おう」という気持ちが湧き、小学校へ登校する前に約1時間、また、学校からの下校途中、両親が働く田畑で日暮れまで手伝い、暗くなると、馬の餌にする草の束を背負って、家に帰りました。そして、まずは馬の食事、その世話を済ませてから夕食を戴いていました。

父の父親、私の祖父は、どのようなことを成したのか詳しくは知りませんが、嬬恋村の名誉村民（第一号）とされ、村議会議場に額入り写真が掲げられています。地域内で何か催し事が行われる際には、役員が、最初に祖父を訪ねてきて、催事で入用なお金の希望寄附金額を述べ、祖父がそれに応じて、所定の寄附帳に寄附金額と氏名を書く姿を何度か目にしました。その後、役員は、寄附帳を持って全戸を回るという、そんな風習も見られました。

母は、こうした事情や風習をよく理解しており、〈家の信用〉を重く見る性格の人でしたので、厳格な性格の祖父が〈家〉の金銭の管理を任せていたのは、父ではなく母でした。その几帳面さ、誠実さを祖父は信用していたように思います。

母は優しくて、叱られた記憶は少ないですが、今でも申し訳なく思っていることは、私が4歳の頃、祖父が仲人を務める結婚披露宴が行われた際の私の失言です。村で結婚披露宴が行われる際には、多くの人々が花婿の家の庭に集まり、中の大広間で行われる披露宴を眺めるのが、一般の風習でした。

その日も、披露宴席の参列者の前には、普段は目にしない、立派な料理やお菓子の数々――。

生唾を呑み込みながら目をこらしている私に、小学校6年生のガキ大将が唆そそのかしたのです。

「『おじいちゃん、お菓子ちょうだい！』と言ってみな！」

私は彼の指示通り、大広間の正面で新郎の隣に座っている祖父に庭から叫びました。もちろん、祖父は反応しません。

「もっと大きい声で言ってみな」

また唆され、私はもう一度、叫びました。

「おじいちゃん、お菓子ちょうだい！」

当然、これも祖父から無視されました。当たり前ですね。その後、家に帰ると、待ち構えていたのは怒れる母でした。

「なんて馬鹿なことを言ったんだ！　土蔵にぶち込んで、もう出さない！」。そう言って、私を布団で簀巻きに縛ろうとしたのです。「もうしない、もうしない」と、涙ながらに必死で謝り、やっと許してもらいました。あれほど怖い母は、初めてでした。

小学校5年生の夏休みの折、蓄膿症の検査で、母が前橋の専門医を受診する際、私が荷物持ちのお伴をすることになりました。まだ吾妻線もできていない頃だったので、まずは草軽電鉄で軽井沢へ。そこから信越線で高崎へ、さらに両毛線で前橋という、受診だけで1泊2日でした。

その帰路、高崎駅のホームで列車を待っているとき、たまたまやって来たアイスクリームの売り子を見た母が「買ってやろうか」と言ったのです。私は、それまで一度もアイスクリームを食べたことがありませんでした。ですから「美味しそう」、「食べてみたい」と思いましたが、口には出せません。働きづめの母の日常や、祖父から厚い信頼を受けて管理、節約しているお金のことが頭をかすめて、「買っておくれ」とは言えず、首を横に振りました。しかし、今になれば、あの時、首を上下に振った方が親孝行だったかもしれないと思ったりもします。

母が急逝したのは、私がまだ中学校2年生のときでした。末の弟を出産して数カ月後、突然の心臓麻痺により、わずか39年の生涯を閉じました。亡くなる数時間前まで、一緒に野良仕事をしていた私は、それから2日間ほど泣き通し、何も手につきませんでした。私はこの時に生まれて初めて、母の〈寝顔〉らしきものを見たのでした。

これまでの日々、近所で〈早起き少年〉と呼ばれていた私でしたが、その私が起きる時間には、すでに母は起きて働いていました。そして、私より先に床につくこともありませんでした。こんな生き様で人生を終える女性は、母で最後になってほしいと激しく望みました。

勉学は成長へのコーチ

まだ何も見えていなかった私、実業高校の寄宿舎にいた高校生の私は、社会科の先生の一言で、進学校への編入の覚悟を決めました。目標にしたのは、群馬県の学校ではなく、隣県の長野の進学校です。

この転校のことは、父に相談しませんでした。まだ編入試験に合格するかどうか分かりませんでしたし、家族に頼らず、自分で人生を切り拓いていきたい、という気負いもあったかもしれません。幸い、編入試験に合格することができたので、私は父に事情を話し、学校替えの編入式に出席してもらいたいと言いました。父は不満を口にすることもなく式に出席し、その後も経済的援助を続けてくれました。

しかし、これまで通っていた実業高校とは違い、編入した高校には寄宿舎という制度がなかったのです。せっかく編入試験に合格しても、自宅からはとても通学できない遠距離でした。私は友人、知人のあらゆるツテをあたり、貸間の可能性を探りました。すると、一人の志の篤い和尚さんに出会ったのです。

和尚さんは、私の気持ちを汲んでくださり、以前にお小僧さんが使っていたお寺に付随する小さな部屋を貸してくださいました。賃料も不要だとおっしゃり、求められたのは、自分が使う電燈料の負担だけでした。さっそく、お寺の裏庭の隅に、三枚の瓦を使って竈を造り、薪も購入して、自炊生活の準備も完了です。

こうして貸間も定まり、編入した高校での勉学も始まったのですが、早くも大きな壁が立ちはだかりました。それは英語です。卒業後、ほとんどの生徒が就職する実業高校では、英語の授業は1週間に1時限だけでした。しかし、この進学校では、1週間に7時限。私は高校3年生での編入だったので、他の生徒との英語力の差は、想像を絶するほど大きなものでした。

喫緊の課題、英語力の〈超特急的アップ〉を図るため、私は考えつく限りの勉強法を試すことにしたのでした。まずは教材の徹底的な読み込み。体育の授業時間なども〈有効活用〉したことが懐かしく思い起こされます。たとえば、ハンドボールの試合を行うとき、クラスは4つの班に分かれ、2つの班が試合をしている最中、残りの2班は見学です。この隙を利用して、私はしばしばトイレに向かいました。他の者に気づかれないように姿を消し、トイレの個室に籠って、いつもポケットに入れていた英語の本を時限終了の鐘が鳴るまで読みふけったのです。

また夕方6時半からNHKラジオで流れていた、平川唯一先生の英会話講座もよく聴きました。といっても、私はラジオをもっていなかったため、下宿先のお寺の離れにお住まいだった和尚さんのお母さんに頼み、お部屋で聴かせてもらったのです。

しかし、それが十回ほど続いたところで、和尚さんから婉曲に「部屋で聴くのはやめてほしい」と意思表示があったため、それ以降はお母さんの部屋には入らず、軒下で聴かせてもらいました。他にも、外国語大学への進学を希望していた同級生とともに、外国人の牧師さんがいる教会での催しに参加させてもらい、とにかく弱点だった英語を補強するために、あらゆる機会や手段を利用することに真剣でした。

とはいえ、私には、学生なのだから勉強にだけ励んでいればいいという余裕はありませんでした。実業高校時代と同じように、生家の負担を避けようと考え、編入してからは、主に、古着の販売を手がけました。

ちょうど、クラスメイトの両親が衣類の卸商をしていたのでご挨拶し、古着を仕入れては、土曜の午後と日曜に商店の少ない農村を訪ねて、行商することにしたのです。飛び込み先で、学友と会わないように祈りながら、続行していたのは、つらい思い出です。

つらい思い出といえば、食事も、副食などを準備するために時間を費やしたくなかったので、学校からの帰る途中の魚屋で、サンマなどを数匹まとめて買い、一度に全部を煮込んで、なくなるまで食べ続けました。数日後に、食べきる頃合いの冷たいサンマは、食欲をそそるとは言いがたいものでしたが、食べるものがあったことは幸せだと思います。

毎日夜中まで勉強しましたが、お寺に支払っていた電燈料はわずかだったので、夜中の0時過ぎまで勉強していると、「学生、まだ起きているか！」と、和尚さんの電燈代浪費予防の大きな声が階下の階段横から、上に向かって発せられ、私は大きな声で「ハイ！」と答えることが、度々でした。

どの年齢をお好み？

私は昨年、暦の上では91歳を迎えましたが、いったい〈人の年齢〉とは何でしょうか。そこには、どのような意味があるのでしょうか。日本では、60歳のお祝いとしての還暦をはじめ、70歳の古稀、77歳の喜寿、80歳の傘寿など、暦の上の年齢を重ねるごとにお祝いが増えていきます。単純に長生きしているのみで、その人が立派であるとは思えません。もちろん、誰かが長生きすることは、その方の家族や友人からすれば嬉しいことですが。

一方、日本には、長幼にかかわらず、人の生涯に四季があるとみなし、その人生の四季は年齢には関係がないという教えもあります。これに従えば、若くして亡くなっても人生の四季を全うした者より、いたずらに長く生きて、いまだ四季を全うし得ない老人の方こそ幼い、未熟であるという見方もできるわけです。

私は〈年齢〉というものを、トライポッド（三脚）として考えます。

1つ目の脚は、暦の上での年齢。これは、出生の日から24時間／365日を区切りとするので、誰であれ、数字を増減させることはできません。2つ目の脚は、気持ちの在りかたに発する精神年齢。そして3つ目の脚が、身体の壮健さを基準にした健康年齢。

精神年齢は、個人の資質や環境、努力など後天的な要素が左右する場合が多いでしょう。まだ未成年でも、お年寄りのような落ち着きや諦念を感じさせる若者。あるいは70歳代にもかかわらず、40歳代のようなバイタリティに満ち溢れた人。半年前まで、60歳の精神年齢だった人が、今日再会すると、まるで若者のような冒険心を取り戻していたりする場合もあるので、精神年齢は（暦年齢に比して）個人差の生じやすいものです。一気に若返ることもあれば、一気に老けてしまうこともある。〈望ましく年を重ねる〉ためには、精神年齢の状態を若いままに保っておく、安定させておくことが必要だと感じます。

そのためには、人生の〈目標〉を意識し、つねに〈夢〉を忘れず、〈理想〉を追い求めるためにこそ、〈好奇心〉をもち続けること。これが大切になってくるのではないでしょうか。

そして3つ目の脚、健康年齢をコントロールするには、日々の持続的な鍛錬が欠かせません。精神年齢は、はたとした気づきや、右に掲げたような意識改革で若く保つことができますが、身体の健康年齢は、意識ではなく、物理の原則に基づくため、物理的な負荷なしには維持・向上を図ることができないからです。

私は、健康年齢を若く保つために、弁護士業務にあてる時間を少し犠牲にして、毎週土曜と日曜の夕方は、温水プールで泳いだり、歩いたりしています。これに加えて、精神年齢、健康年齢のそれぞれにつき、〈老化防止＝若さ維持〉のため、メンターにお世話になっています。また、仕事上の面においても、その効率化維持の支援をメンターから受けることもあります。目を覚まさせて戴くとともに、進取の気性をもち続けるために、メンターやブレーンは、大事な存在と思います。

年齢は、トライポッド。
人生の〈目標〉を意識し、
つねに〈夢〉を忘れず、
〈理想〉を追い求めるため、
〈好奇心〉は今日も青春真っ盛り。

聴き（耳学問）上手＝心友力の第一歩

私は大学の法学部に入学しても、まだ〈夢〉は定まらず、自分にどんな〈才能〉があるのかも分からず、同じように人生に迷っていた友人たちと将来について、しばしば話し合っていました。

そして、実業高校時代に聞き、大学法学部への進学へとつながった「法科万能」を信じて法学部へ入学したものの「何か大きなことをやりたい」と思っていても、自分にどのような才能や夢があるのかは、依然として分かりませんでした。

そんな折、法学部を出て、社会の中で大きな働きをしている人の中には、外交官の経歴をもつ人が、比較的多いのではないか、という話がもち上がりました。いわれてみれば、たしかにそんな気がしたので、まずは外交官の登竜門である外務書記生の国家試験を受けてみようと考えました。

当時、国際語のトップはフランス語だと思っていたので、大学での第二外国語にフランス語を選択した上、アテネ・フランセのフランス語講座に通ったりしていました。

ところが、勉強を始めて、外交官に関する知識が少しずつ蓄積されていくにつれ、同時に、不愉快な事実らしきものが私の気持ちに暗い影をおとすようになってきました。当時知らされた暗い影が本当に事実なのかどうかは知る由もありませんが、私をはじめとした外交官志望の学生の間で流布された話では――たとえ筆記試験に合格しても、面接試験では、両親や親戚に外交官やその経歴をもつ者が優先されるとのことでした。

この話にはガックリきました。私は両親も祖父母も百姓一筋です。家系に恵まれず、昔からお金に縁遠かった自分としては、卒業後に、困窮することなく食べていける、社会で大きな役割を果たせる仕事は何だろうと思い悩む日々が続き……紙と鉛筆さえあれば何とか食べていける職業といえば、もう弁護士ぐらいしかないのではとの思いに至り、真面目に法律学を学ばざるを得ないと覚悟を決めました。

こうして紆余曲折を経て、司法試験への挑戦を決意しましたが、ときはすでに大学3年生。あまりにも遅い決意の恥ずかしさから、学友や知人に指導を乞うこともしませんでした。

受験雑誌、とくに司法試験に関する専門の雑誌といわれる「受験新報」を読むなどしているうちに、学問は体系的に、しかも基礎学から着実に勉強することが重要であり、結局は早道であると分かりました。

いきなり受験科目のみに飛びつく勉強法より、法哲学、民法、総論などの土台や基礎学の原理原則をしっかり学んで、それを発展させる形で各論を学ぶ方法こそが、結局、実力につながると認識しました。

そのため、たとえ有名な教授であっても、自分で著した書物を教本にして、それを朗読するに近いような授業は時間の浪費となり、惜しいと考え、私は独学で勉強を続けることにしたのでした。私にとって一日で一番集中力が高まった時間帯は午後3時頃から7時頃までの数時間でした。しかし、現実の暮らしにおいてはほとんどの場合、ちょうどその時間帯を家庭教師のアルバイトのために費やすことが多かったので、そのつらさは表現しがたいものでした。

『心に火が付く！　最強のリーダー力』

新将命（日本文芸社）より

基本的に部下にやりたい感を持たせる、すなわちやる気を起こさせるためにリーダーがやるべきことは3つある。／人がやる気を起こす条件のキーワードは、「仕事の方向性」「やりたい感」「評価」の3つだ。／（注：以下、Ⅰ、Ⅱ、Ⅲは熊川が付記）

（Ⅰ）「仕事の方向性」は以下の方程式で表せる。〈方向性＝理念＋目標＋戦略〉である。我々はどこに向かって、何のために、何を、いつまでに、どれだけやるかということだ。／

（Ⅱ）部下が「やりたい感」を持つには、目標が自分で納得した目標であることが肝心だ。納得していない目標では「やらされ感」しか持てない。／目標設定のプロセスに参加していれば、目標は押しつけではなく自分のものとなる。目標に対する納得感とコミットメントが生まれる。コミットメントとは、「やったるで！」という強い決意である。／（Ⅲ）部下の不満の多くは「評価」に関することだ。1つは評価が公正に行なわれないという不満、もう1つは評価の基準が明確ではないという不満である。

人が仕事について「やりたい感」をもつには、目標が自分で納得したものであることが肝心であることには、まったく同感です。著者は、人に〈やりたい感〉をもってもらうには、目標設定のプロセスに参加してもらい、〈押しつけられた感〉を感じさせないことが大事だと言います。しかし、私は〈プロセスに参加〉してもらうより〈その人の提案したアイディア〉が採用され、そのアイディアが〈目標〉になることが、最高の〈やりたい感〉につながるのではないかと考えます。デール・カーネギーも断言しています。

――人に自ら動く気持ちを起こさせるには、常に相手の立場に身を置き、相手の立場から物事を考えるしかない、と。

とはいえ、すべての人の〈アイディア〉が採用されるわけではありませんから、目標設定の際には、結果的にアイディアが採用されなかった人も出ます。その際には、聞き役・受け身役として〈プロセス参加〉してもらうのではなく、積極的・能動的に意見の提言ができるような関係性が望ましいでしょう。そのためには、上司も部下も、〈目的〉と〈状況〉の認識が同一レベルに一致するほど、相互の気持ちを理解し合えていることが大事になってきます。

体験は発想の源

人は〈読書〉や〈自分より優れた人との出会い〉、あるいは〈失敗の体験〉を通じて、賢くなっていきます。前頁まで述べてきた私自身の来歴にも、すでに一種のターニング・ポイントとして、これら3つの要素が現れています。

人との出会い——先生の一言で、法学部への進学を志し、実業高校から進学校への編入および卒業までは篤志家の和尚さんにお世話になりました。

失敗の体験——大学入学後、慎重な情報収集を怠ってしまったために、外交官に執心し、法学の勉強を疎かにしてしまったこと。しかし、これがすべて無駄だったとは思いません。

そして読書――私が読書の本質に触れた最初の機会は、同期生たちへの遅れを取り戻すべく、可能な限り速やかに法学の基礎を習得しなければならないと思い立った頃でした。私は、生まれながらの秀才だけが辿りつけるような事柄には、興味は湧きません。黙々と、努力を継続すれば、自分でも目的地に到達できるかもしれないと、夢を抱けることには関心があります。書物は、そのための教材であると考えます。

一つの例として、世には「上手に人を動かそう」という類の書物が溢れております。後輩や部下であればまだしも、社会人の振舞いとして、人間同士の関係において、人が人を動かすということがそもそも望ましいのでしょうか。この、人が人を「動かす」という対物的考え方は、差し控える方が、理に適っているのではないでしょうか。

そうなると、人を〈動かそう〉と考えるより、人が自発的に〈動いてくださる〉、あるいは人が自発的に〈動かずにはいられなくなる〉雰囲気を醸し出すことに注力することが望ましい形なのかもしれません。この点について、必要なことは、自分の心と相手の心の融合であります。知能や論理、思考力は、直接には関係ありません。いわゆる指南本でしばしば示されるような、テクニックとも違うと思います。いくら頭脳が優れていても、それのみでは、相手の心や五感に波動が伝わらないからです。

ポイントは、「どのようにして、人の心とうまくつながるか」にあります。そのために必要なことを、私は「心友力の3要素」と呼んでいます。

自分の仕事や長所・短所等についての適確な、
自己認識をもつこと。

「他人には優しく、自分には厳しく」と、
自らの心をコントロールする。

相手に気を配り、
よく観察し、
その望みを推察してかなえよう。

『この人についていきたい、と思わせる21の法則──成功者に学ぶ人間力の磨き方』 ジョン・C・マクスウェル・著／弓場隆・訳（ダイヤモンド社）より

多くの人は、カリスマ性を神秘的で、ほとんど定義できない資質だと考えている。／しかし、それは正しくない。カリスマ性とは、簡単に言うと、人をあなたに引きつける能力のことである。それはほかの人格的資質と同じように、開発することができる。／

1 人生を愛する／人びとは、人生を愛している指導者を好む。／もし人を引きつけたいなら、「こんな人といっしょに過ごしたい」と思われるような人物になる必要がある。／

2 すべての人に一〇点満点をつける／あなたが人のためにできる最善のことの一つは、その人にベストを期待することだ。それがあなたの魅力となり、その人を引きつける。私はそれを「すべての人に一〇点を

つける」と呼んでいる。この習慣は、まわりの人たちが自分自身を高く評価するのに役立つだけでなく、あなたを助けることにもなる。／

3　相手に希望を与える／フランス皇帝ナポレオンは、リーダーのあるべき姿を「希望を売る商人」と表現した。すべての偉大なリーダーと同じように、彼は希望こそがあらゆる「所有物」の中で最も素晴らしいものであることを知っていた。／

4　自分を分かち合う／自分を分かち合うリーダーを人びとは愛する。人の上に立つのなら、自分を分け与えることだ。自分の知恵、資源、特別な機会を分かち合うことだ。これは私の好きなことの一つである。

私は〈カリスマ〉には無縁だと思い込んでいましたが、同書によって〈開発可能な資質〉だと知りました。人は誰しも〈認められたい願望〉が強い生き物だということを再認識し、人の〈長所を発見する〉ことの重要性を心に刻みました。これは〈心友力〉の強化にも通じます。

　知恵、資源など、自分の大事なものを分けてあげるリーダーを人々は愛する、となす同書の主張には啓示を受け、親近感を覚えます。最終的に〈同心〉を目指すことは心友力の柱ですから、カリスマ性の会得は、心友力型リーダーを目指す者には欠かせないでしょう。

努力の積み重ねはアイディアの涵養《かんよう》庫

遅ればせながら法律家を目指し、真剣に法学を学び始めた私に、ひとつ大きな懸念が生まれました。どうも近頃の世相は、法律が目指している「個人の権利と公共の福祉との調和」に合致していないのではないだろうか。そんな不信感を抱いたのです。

〈個人主義〉と〈自分中心主義〉とは違います。本来の個人主義は、〈個人としての自分〉と〈個人としての他人〉が等しく平等に保護される理想的世界を示します。しかし、目の前で起こる現実は、自分の権利だけを強く主張して、同じだけの権利を求められるはずの他人の権利は軽視、無視する〈利己主義〉に陥っているように見えました。そういった自分中心、自分の利益、自分の欲望達成のためには手段を選ばない〈勝手ばかりの世相〉に憤りすら感じるようになり、ただ単に法律というだけでなく、もう少し公共性の高い領域——国や地方公共団体の利益や義務に関する法律である、「公法」の勉強を掘り下げてみたい気持ちが湧いてきました。

その頃、国内の大学院で公法学専攻のコースを設けている大学院は2つしかなく、私は早稲田大学大学院法学研究科公法学専攻に進みました。公法に強い法律家として、実際に活動するために必要な資格、弁護士資格を得るための司法試験に合格するための勉強に取り組みました。

大学院においても、まずは各種の法の〈原理と原則〉を学び、次いで〈総論〉。それから、各論の勉学に進む方法が最も効果的であると考えました。しかし、司法試験における基本科目のうち、たとえば憲法を例にとっても、東京大学の宮澤俊義教授の書物一冊を読破しただけでは、受験生として、優秀答案を作成することは困難ではないかと気づきました。

そのため、国会や内閣に関する記述部分は、東北大学の清宮四郎教授の書物、憲法9条に関する部分は、一橋大学の田上穰治教授の書物を併読した方が、内容の豊かな答案ができるのではないだろうか、と。

この勉強法で、万事うまくいくと思っていましたが、受験直前に少し考えを改めました。司法試験において、理論的に統一され、なおかつ各論について広く深く理解を鮮明に示すためには、数冊の本に、同時に目を通さねばならないという物理的な困難を乗り越えなければならないことに思い至ったのです。

そこで、一計を案じました。これが、今に至る〈熊川式携帯本〉作りの始まりです。世上に流通する数多の本を、自分の必要に応じて一冊にまとめ、複数の本のエッセンスをそのうちの一冊に収め、いつでも持ち歩けるようにしたのです。

まずは、軸になる一冊を決めます。これは〈読むべき部分〉を最も多く備えている本であるべきです。司法試験に挑む私にとっては、宮澤教授の一冊でした。これをベースにして、余白に、補充書物からカッターで切り抜いた重要部分（軸の本では欠けている部分）を貼りつけ、補足していくのです。

すべての受験科目について、私は同様の細工を行い、濃密になったオリジナルの書物を活用して司法試験に合格することができました。

自由経済の体制下での、
「先進」（勝者）のキーワードは、効率性。
「効率性」の土台は、アイディア。

「アイディア」の汎用性は、
多くの小さな気づき。

「小さな気づき」は、
幸せの母。

『超人脈力』

堀紘一（講談社）より

　人脈力の重要性についてはいまさら語る必要もないだろう／いまや終身雇用と年功序列は完全に崩壊しつつあり、／日本も、能力なき者は去れ、会社を儲けさせられない者は去れ、の社会になったのである。／自分一人の力だけではどうにもならないことが次々と起こってきている。／こうなると、ビジネスパーソンに求められる能力も、自《おの》ずと変わってくる。／何かプラスワン、得意技の一つも持たないと生き残れない。もっと上に行きたい人たちにとっては、さらに人間としての総合力、私流の言葉で言うと「人間力」が命運を決めることになる。／この人間力について考えてみるとき、自分の背後にいてくれる人脈たちが実に大きな意味を持ってくるのだ。／人間力に人脈力は欠かせない。／スキルを身に付け、得意技を磨き、人間力を高めようと、上のレベルを目指せば目指すほど人脈力が欠かせない武器になってくる。／そういう意味で／私の人脈論は、これらの時代性や、普遍的な人としての生き方まで含んだ、いささか欲張りなものとなっている。／

いろいろな人脈グループのキーパーソンになっている人／のことを、英米ではグルー（glue）と呼ぶ。日本語に訳すと「糊」だから、人脈の接着剤のような人のことを言う。／「人脈づくり」の本質というものをしっかりと掴み取ることができて初めて道が開けてくるのである。

同書の趣旨である、ビジネスパーソンにとって〈人間力が命運を決する時代〉となり、その人間力の重心は〈人脈力〉であるという主張には、刮目《かつもく》させられました。現状よりさらに上のレベルを目指す者には、人脈力は絶対に欠かせない武器である旨には強く賛同します。

そして、その人脈をつくる最良の注目すべき原点は「人脈の接着剤のような人」と力説されており、人脈と人脈、人と人とを糊のようにつなぎ、自らは人や人脈を傷つけずに、一体化することに専念し、相手に溶け込む働きをなすことが期待されるという主張は示唆に富むものがあります。〈心友力〉と相通ずるところがあるこのスタンスは、私もきわめて重要と思います。各界のリーダーや人脈と太いパイプをもつ超ビッグマン・堀　紘一氏の「普遍的な、指導者としての生き方」に立脚した人脈論を展開する姿勢には見習うべき点が少なくありません。

「他人の立場に立つ」座標軸

〈熊川式携帯本〉のおかげで、私は大学院修士課程の在籍中、司法試験に合格することができました。といっても、司法試験に合格しただけで、すぐに弁護士になれるわけではありません。司法試験の合格者は、司法修習生となり、法律家になるための実務の研修が始まります。

私は法律実務家として地域や社会、国家のために少しでも役に立ちたいと考えていたので、最高裁判所・司法研究所での実務研修を選びました。そして給与を戴きながら、都心の研修所で、法律実務家の理論と実務の基礎を4カ月間、判事、検事、弁護士のベテランからガッチリ指導を受けました。研修中は、その日の夕方に渡された事件資料について、翌朝の9時までに判決書を提出せよという指示などもあり、徹夜に近い状況で仕上げなければならないことも多く、貴重な体験をしました。

他面、法律とは縁遠いと思われるような音楽家や文化人の講義を受けたり、一般の人が経験できないような蒸気機関車の運転席の側での見学や、電気製品の工場などをはじめ、幾多の大工場や研究所の見学もさせて戴きました。その後、地方の裁判所、検察庁、弁護士会に配属され、16カ月間それぞれの実務の見習いと、人格の陶冶に努めさせられました。

裁判所では、法廷に臨むことをはじめ、判決を書くに至るまでの手法の勉強に過半の時間が割かれましたが、愉快な経験も多々ありました。裁判所・所長室に外国人を招いて戴き、無料の英会話教室を開いてもらったり、ときには所長官舎の畳の間で、所長さんの知人の女性の方々と修習生全員（5名）に、ダンスを練習させてもらったり。当時の所長さんは知性に溢れた明朗な方で、後には最高裁判所の判事にまで上り詰めたのでした。

その後、前橋地方検察庁に配属されて間もないとき、逮捕された詐欺の被疑者の取り調べを命ぜられたことは強く記憶に残っています。さっそく取り調べを始めたのですが、被疑者は「疑われるようなことはしていない」と言い張り、私は手を焼いていました。

すると、少し離れたところで研修していた同期の修習生が、私の取り調べの状況に気をきかせた結果か、次席検事（県内検事のトップである検事正の次の上席検事）が席までやって来たのです。そして、私には傍観を指示して、詐欺被疑者の取り調べを始めました。

ほどなく、驚くべきことに、あれほど否定の一点張りだった被疑者が「疑われている事実に間違いはありません」と、スラスラ自白を始めました。私は小柄で、次席検事は100キロ以上の太った体格の方ではあったとしても、この被疑者の豹変ぶりには衝撃を受け、自分には検事の適性が欠けていると悟ったのでした。この他、検察庁修習の折には、群馬大学医学部法医学教室での死体解剖見学なども経験しました。

次の修習先となった群馬弁護士会では、弁護士は事実の把握をおろそかにしてはならないということを、各先生から指導されました。法曹は〈事実に法律を適用する職業〉であり、〈社会正義を実現することを使命とする〉のであるから、民事問題にせよ、刑事事件にせよ、まず、事実の適格な把握を原点と心得ました。

また、現場や地理の（各地の）状況の認識にも努める（詳しいことが望ましい）とのご指導の下に群馬県内はもとより、隣県の栃木県、新潟県、長野県、埼玉県等の大きな工場や、有名な温泉地などを見学させて戴きました。依頼者から事件の顚末を詳しく記載して持参してもらうことが、重要であるとともに、事務処理に効率的であることも学びました。

しかしながら、この司法修習生時代に得た最大の教訓は、それぞれの立場を理解し、把握することの重要性を知ったことでしょう。現在の職業である弁護士にとどまらず、裁判官の仕事や考え、検察官の仕事や考えを学べたことはきわめて有意義でした。

基本的な司法の手続きにおいて〈真実を追い求める姿勢〉は、関係するすべての人に共通していますが、その具体的手法や真実追求の角度は、各人で異なります。容疑を認めさせ、起訴に持ち込みたい攻撃側の人の気持ち、攻撃および弁護側の双方の気持ちを汲んだ上で中立（中庸）な判断をしなければならない裁判官の気持ち、基本的人権を守る弁護士の立場と気持ち――。そして原告と被告。

どの立場であれ、〈相手〉と〈自分〉はまったくの別人格なのです。その事実を徹底的に理解・納得し、相手も自分と同じように思っているだろう、などという安易な推測はいっさい禁物であることを学び、私は常々、心中で言い聞かせています。

真実追求の手法と角度は、人によって異なる。

誰が相手でも、

〈自分の気持ち〉で〈相手の気持ち〉を

安直に、同一視してはならない。

相手の欲求の推察には、優しさと的確さで全力を注ぐ

終戦後、日本では新たな憲法が制定されました。それに伴い、親族法や相続法が改正され、さらに刑事裁判手続法や会社法も全面的改正、従来存在していた多くの法律が改正されました。法律は〈社会の正義〉を規定したものでしょう。

法律の大部分は〈常識を文章化したもの〉であり、その理念を最終的に実現するのは、行政機関でも立法機関でもなく、司法の裁判所です。

弁護士開業の直前まで、私は関東地区内の多くの裁判所で傍聴・見学を繰り返しました。

私たちの大先輩にあたる弁護士の方々の多くは、諸法が大改正される

前に法曹界で活躍なされ、改正前の法律やその解釈・運用を熟知されていました。そのため、法律の大改正後には、新たな法律に基づいた適切な判決例の少ないこともあり、一部にとまどい的側面（所作）が垣間見えたことが強く印象に残っていました。

良きにつけ、悪しきにつけ、太平洋戦争終戦前と、社会は大きく変わりました。その流れの中で、専門家だけでなく一般の人、言うなれば、新たな制度を支持してくれる皆さまに理解・納得してもらう行動の先頭に立つべきは、敗戦前の法律による司法作用に慣れてきた先輩弁護士の方々より、戦後の新法と改正された各法律のみを大学、大学院、司法研修所などで学んだ、若い弁護士たちではないかと、大きく気負って社会に漕ぎ出したのでした。

私の開業以前、地方都市の「法律事務所」の99％は、弁護士の自宅内に置かれており、その場所もなるべく人通りの少ない、路地裏のような場所が望ましいとされていました。これは、戦前の司法に与えられていた社会的地位の一側面を表していたのかもしれません。弁護士に相談する姿を他人に見られたくない、恥ずかしいことだというような、質屋さんに入るときと相通じるような心境だったようです。しかし、新法、改正諸法施行後は〈権利の行使、義務の履行は、信義に従い、誠実になすべきもの〉とされましたので、世の人心は着実に変容していくであろうと思いました。

したがって私は、誰にでも与えられた権利と義務の存否判断の殿堂たる、前橋地方裁判所の正門前に事務所を設け、皆さまが気軽に訪ねられる弁護士を目指したいと考えましたが、開業にあたっては、私一人では如何ともしがたい問題があったのです。

それは開業資金――いくら司法試験に合格し、修習を終えたからといって、先の知れないヨチヨチ歩きの新人弁護士に大金を貸してくれる銀行などありません。それでも、最終的に開業まで辿りつけたのは、ひとえに〈人と人との信頼の力〉に助けられたことによります。

私は学生時代、都内で毛糸店を営んでおられた家の子らの家庭教師をしていました。私の抱える開業資金の問題を知ったその御尊父が突然、30万円もの開業資金を貸し付けてくださったのです。貸し付けといっても、利子や返済期限など、返済に関連する具体的な条件は何ひとつ仰いませんでした。

この資金を使って、私は新しい時代にふさわしいと考える、自分の事務所を開設しました。十畳ほどの一間を事務所兼住居にして、熊川法律事務所の看板を貼り出しました。机など、必要な什器のほとんどは古道具屋で手に入れた中古品ですが、新品売出し第一号のフランスベッドだけは思い切って贅沢をしました。夜は寝具として使い、昼間は、L字型の背を起こして両側に分け、真ん中に小さなテーブルを置いて、応接セットの完了です。

掛け布団は、借間の隅にあった65センチ四方の広さの小型押入れに――。

それから、私は〈熊川式記入用紙〉を作りました。これは、修習生時代に数多く見た、紛争の当事者の方々の印象から発想したものです。往々にして、紛争の当事者は、自分自身では意識していなくても、自らの主張の論点だけを強調したり、自己顕示の傾向をもってしまったりしがちです。勢いたくましく論じ立てたり、猛然と論を進めたりする当事者に対して、弁護士という立場は、依頼者の本心を正確に推察する〈心用《こころよう》意《い》〉が肝心です。

とくに、トラブル（議論）の根っこにある思惑を、慎重に推定して進めないと、真実追求と社会正義に基づく、妥当な解決に背く可能性があるからです。

〈熊川式記入用紙〉には、依頼者が自分自身で書き込みます。自分が関係した過去の事実を、ただ喋って聞かせるのではなく、正確に、自分自身で書き込んでもらうことで、依頼者の記憶している真実を焙り出そうと考えたのでした。

〈心用意〉といえば、当時の私はまだまだ目の曇った若造でした。事務所の開業に際して、あれほど大きな御恩のある毛糸店のご主人の心の奥を推察することができず、次に正式なご挨拶に伺ったのは、開業から十数年後、衆議院議員に当選して間もない頃でした。

「お借りしてから、大変長い年月が経ってしまい、申し訳ございませんでした」

そうお詫びしてから、返済金の提示をいたしましたところ、今なら分かる〈心友力〉という概念の一端に触れる言葉を頂戴したのです。

「熊川さんが国会議員に当選なされたことはおめでたいが、出世はまだこれからでしょう」

毛糸店のご主人は、そう言って、提示した返済金を受け取ろうとしませんでした。その数年後、大蔵政務次官（現在の財務副大臣）に任命された私は、またご挨拶に伺うとともに、ふたたび返済金を提示しましたが、まったく前回と同じ趣旨の言葉を戴き、受け取ってもらえませんでした。現在に至るまで、日々、御恩返しを考えさせられることのひとつです。

対話の前に、まず必要なのは、
相手の本心を推察する〈心用意〉。
〈人と人との相互信頼の力〉が、
限りない成長を助ける。

ことを成す3条件、要は人の和

私と同期の司法修習生は全国で340人でしたが、その中から裁判官、検察官になった者以外は弁護士になりました。正式な弁護士になると同時に、自分自身が独りで事務所を開業した者は、長崎で1人、東京で1人、そして群馬の私を入れてわずか3人でした。**人がことを成すには〝天の時、地の利、人の和〟が肝心だといわれます。**

だとすれば、私にとっての〈天の時〉は、開業のタイミングだったかもしれません。国の基本法たる憲法が新制されたことをはじめ、民法、商法、刑事手続法等が改正され、一般市民へのその速やかな定着が期待されている時機に重なるように、弁護士になったことは。

じつは、前橋地方裁判所正門前に事務所を出すよう、私に助言してくれたのは、高校時代の恩師でした。地裁の前（裁判所本庁舎の正門前）というだけでなく、この場所は、県庁ビルの正門前での東隣、前橋市役所ビルの道路を挟んでの北隣でもあり、さらに前橋地方検察庁ビルからは、道路を挟んでの南西隣です。大多数の方には、このひと声で、迷わず分かって戴ける場所でした。

その効果は大でありました。事務所の開設に伴って看板を掛けた途端、県外の商人が売掛金回収についての依頼で飛び込んでまいりました。相手方（債務者）は県都の人で、判決を勝ち取った後、分割弁済でしたが、利息や裁判費用まで全額回収できました。

それから約2週間後、今度は、警察署内に勾留されている被疑者から、

「前橋地方裁判所前　熊川法律事務所様」と記載された封筒が届きました。開封したところ、弁護のための接見依頼が書かれていました。これもまた〈地の利〉です。逮捕後、10日間にわたって勾留してよいか否かについて、裁判官の尋問を受けるために護送されていた被疑者は、その護送中に、裁判所正門前の私の事務所の看板を見たのでした。そして、依頼者が出した封筒の宛名の面には、住所や番地の記載はなされていなかったにもかかわらず、手紙は私の事務所へ届いたのです。

裁判所から離れた所に事務所をお持ちの弁護士の方々は、開廷時刻より10分も20分も前に裁判所に来られているのを時折見掛けます。私は法廷の始まる2分前に、事務所を出発するのでも充分であることを考えると、時間の効率化には大変有り難いと思っております。恩師の、地の利を念頭におかれたサゼッションには、感謝を捧げるほかありません。

こうして好運にも、私は3つの条件のうち2つを得ることができました。では3つ目の条件〈人の和〉はどうでしょう。先にご紹介した毛糸店のご主人からは、後に生まれる〈心友力〉の大きなヒントを頂戴しました。その後すぐ、私はもう一人の先覚者に出会ったのです。

弁護士事務所を開いて間もない頃、千葉から群馬に移住してきた方で自動車やオートバイのランプ関係の電気器具を製造していたA会社の社長さんから、売掛金回収にまつわる問題解決の依頼を受けました。その社長さんの問題解決の過程で、私は、社長さんの会社はもちろん、自宅にも訪問し、問題解決のために奔走しました。すると、社長さんが特別な雰囲気をまとえる理由の一端が垣間見えたのです。

社長さんは、他人の面倒見がよく、人当たりもソフトな人望の厚い人でした。一緒にいたいと思わせる態度や言葉をお持ちだったので、いつも周囲にはたくさんの人が集まっていました。私は、社長さんを知る多くの関係者に会いましたが、ただの一言さえ、社長さんを非難する言葉が耳に入ることはありませんでした。どんな人にも明るく接し、気取らない性格で、自分の欠点をおもしろおかしく話し、心をオープンにして人と接する人でもありました。

その態度は終始変わることがなく、私が担当した売掛金の回収に際しても、取引先に大きなダメージを与えるような交渉は望まず、半分は相手の会社の利益を考えて行動したのでした。後に、私が選挙で出馬した際には、さまざまな業界の有力者を紹介して戴き、当選につなげてくださったのも、この方でした。**この、社長さんの人を惹きつける魅力は何なのか、私は、社長さんの魅力を何とか真似したい、ものにしたいと思って、いろいろ考えたことが〈心友力〉追求の始まりになりました。**

人は誰もが友情に飢え、
情の深い友を欲しがっている。

気持ちが分かり合える親しい友人がいないと、
寂しく感じる。

他人の承認欲求を充たしてくれる、
その人には、好感と期待をもって、
厚い信頼を寄せる。

他人の短所の非難はせず、
長所を見出してあげる。
互いに相手の立場に立った姿勢で、
心の歩み寄りが始まる。

〈真の友〉には、
自分と相手とを同等に対応できる、
心の優しい人物が望ましい。
強固な自制力も保持したい。

真の友とは即ち、＝心友。

互いに心を通じ・信じ合い、相手の欲求を察して、
その実現に、
頼まれる以前に自発的に協力し合える、
そんな〈人間関係〉で扶け合えることは最高である。

『リーダーシップ原論――名経営者24人の「自著」を読む』

江波戸哲夫（プレジデント社）より

生産者の使命は貴重なる生活物資を、水道の水のごとく無尽蔵たらしめることである／こうして世に言う〝水道哲学〟に辿《たど》りついた幸之助は、これを自分に与えられた真の使命／とよび、松下電器の事業を通じて具体化しようとした。／幸之助は全店員を大阪中央電気倶楽部の講堂に集め、「きょう諸君に集合を願ったのは、松下電器の現在より遠き将来に対する重大な使命、崇高なる責任／心からなる協力を得たい」と語りだし、真使命について一世一代の大演説をくり広げた。／「私の話がすんで総代の答辞があり、各自三分間の所感発表に移ったが、その光景は自分がかつて味わったこともなし、また目撃したこともない熱狂ぶりを展開した」／「かくのごとくにして昭和七年五月五日／この熱狂の日以来、世間から〝幸之助教〟といわれるほど、幸之助と従業員の間に強い一体感が生まれ、それが企業としての強みに転化していった。／幸之助は幼少の頃から合理的な考え方をする性格だった。しかし人間を相手にするビジネスでは、たんに理屈が通るだけではすまない。ともに仕事をする人間の心も巻き込まなければならない。そこで合理に人情を加えた情理が必要となってくる。幸之助は仕事の発展を一筋に追い求めていくうちに自然と、合理から情理へと人間の器を大きくしている。その上に「真使命」に目覚めてしまったのだ。幸之助にとってこれ以上強力な境地はない。

同書で描かれる、大企業の全従業員が一堂に集まる〈とき・ところ・ひと〉の取り組み設定が見事だと思いました。そこで、大トップから〈一世一代〉の水道哲学の分かりやすい熱演があったことで、適切な〈現状認識〉と〈将来への使命〉、〈責任〉が説かれ、心からの協力の〈お願い〉が出されました。これによってはじめて、〈幸之助教〉とも呼ばれる同質的な一体感が形成されたのでしょう。

　しかし、同書で著者がいう〈合理から情理へと人間の器を大きくしている〉という見方には、全面的には賛同できません。本書で述べた通り、物事には〈情理から合理への流れ〉も確実に存在しており、実際、〈心友力的方法論〉では、まず最初に〈人の心を巻き込みながら前進しよう！〉、その後に〈合理〉がついてきたというケースも少なくなかったのです。

『リーダーになる［増補改訂版］』

ウォレン・ベニス・著／伊東奈美子・訳（海と月社）より

リーダーは、なぜ人を味方につけなければならないのか。／相手の恐怖心を利用したり、脅迫したりすれば、ある程度は人を動かすことができます。／こんなやり方で相手を服従させても、／結局は大きな抵抗や逆流を生み出すのです。／私たちは、もっと前向きな理由で他者についていくこともあるはずです。たとえば、相手のことを心から信頼している場合。あるいはもっと利己的に、その人についていくことが最善の選択肢だと思える場合。／なんにせよ、各自が意欲を持って参加できるようにすることが大切です。／一人を味方につけるには、精神的なものやチームの雰囲気が大切です。通説とは異なりますが、私はメンバーが競いあう状況をつくらないことが重要だと思っています。／行動は常に自発的なものでなければなりません。もっとも、先頭に立っているリーダーが尊敬でき、会社に対してなんらかのビジョンを持っていることがわかっているなら、たいていの社員は自発的に行動するものです。／ついていきたいと思ってくれる人がいないかぎり、リーダーなれないことはたしかです。／リーダーに求められるのは、命令を下すことではなく人々を説得することです。

著者は〈社員を競わせてもいいことはありません〉と言います。たしかに、この指摘の一面は真実でしょう。同じ会社、同じ組織の中で〈相手を蹴落とすことのみを狙わせるような競争〉は、非生産的で避けるべきです。しかし、実力的に過不足のない、まさに互角の競争相手、ライバルの存在は、自分が進歩・成長するために必要な存在であるようにも思います。

また、〈リーダーは、なぜ人を味方につけなければならないのか〉という〈思考の形式〉にも、疑問を抱く余地があります。その理由は、リーダーの〈存在意義〉をどう捉えるかにあります。私は、〈人を味方できる者〉ではなく、〈人が自然に味方になる者〉がリーダーにふさわしいと考えるからです。それでも〈各自が意欲を持って参加できるようにすることが大切〉との記述、人それぞれの意思と欲求に従い、自分から自発的に参加する環境づくりが望ましいと主張されている点は、私の著作と軌を一つにするものかと思います。

最終的に、リーダーに求められるのは〈命令を下すこと〉ではなく、〈人々を説得すること〉との記述は、「心友の交わり」において、肝要な心得に通ずると思われます。

「誠実さ」は不可能を可能に

ある日、40歳ほどに見える品の良いご婦人が事務所にやって来ました。いつものように事務員が応対したのですが、ご婦人は丁寧に拒絶され、事務員さんや常勤の弁護士さんではなく、事務所責任者を出してもらいたいと仰ったので、私が応接室へ行きました。

聞けば、彼女は県外の方で、夫が逮捕されたと。警察や検察庁での取り調べは、すでに数カ月前に済んでいるにもかかわらず、まだ勾留されているので、一刻も早く留置場から出してもらいたいと言うのです。

彼女の夫は恐喝、強制執行不正免脱、弁護士法違反、脅迫など4件の罪名で公訴されており、婦人によれば、これまでに申し立てた3度の保釈申請はすべて却下されたとのことでした。現在の担当弁護士は、長年にわたって検事を務め、現在は刑事事件の弁護を専門になさっているベテランの先生。

「今の先生では、どうにもなりません。裁判所が示す通りの保釈保証金を用意しますから、一刻も早く、留置場から出してください」

ご婦人は、この一点張りです。依頼人には、たしかに弁護人を解任する権利がありますが、この状況でさっそく私が引き受ける決断をした場合、どうでしょう。

先に言及した〈この3条件でことは成せる〉における〈人の和〉、あるいは〈心友力〉研究のきっかけに気づかせてくれた社長さんの姿勢からは、他人を押し退けて利益を得る前に、己の〈誠実さ〉を見つめ直す重要性を学びました。

〈誠実さ〉を示すために必要なこと、それは第一に、社交辞令ではなく行動でしょう。私は、ご婦人に3つのお願いをしました。

1　熊川が弁護人として付くことになっても、現在の弁護人を解任しないでほしい。

2　現在の弁護人に、熊川が弁護人として付いてもよいか否かを、確認して戴きたい。そして、よいという返事をもらってほしい。

3　よいという返事をもらったら、現在の弁護人を「主任」、熊川を「副主任」として裁判所に届けて戴きたい。

この3つのお願いが受け入れられた場合には「実際の作業は、90％以上を私がやります」と申し上げました。すると翌日、再来したご婦人が「すべて了承を得ました」と仰ったので、私はさっそく自動車で、彼女の夫が勾留されている警察署へ向かいました。

当時、北関東の各県の道路はほとんど砂利道で、県庁前、市役所前、主要駅前が数百メートルぐらい、舗装されている程度でした。群馬県内の弁護士で自動車運転免許をもち、自分の自動車を所有して、自分で運転して仕事をしているのは、私一人だけだったと思います。

それはさておき、夫に面会した私は「熊川式記入用紙を差し入れるので、そこに各事件ごとに、自分として主張・弁解したいことを記載してほしい」と依頼しました。それからもっと大事なこと、被告人としての〈誠実さ〉を誓うよう求めました。

・保釈されても、事件に関係をもつ人物には会わないこと。
・どのような状況になっても、逃亡しないこと。
・裁判での呼び出しには厳格に従い、遅刻も欠席もしないこと。

・弁護人の指示を固く守ること。
・保釈申請が許可されたら、複数の病院で診察を受け、それぞれ診断書をもらって弁護人に届けること。

最後の項目を加えたのは、ご婦人が夫の早急な保釈を懇願したのには、夫の手の指が腫れ上がっているという彼の疾患も無関係ではなかったのです。私は、ご婦人に、被告人が自筆で書いた書面を警察から宅下げして、コピーしたものを渡し、次の動きを提案しました。家族や親戚、親しい友人の方々にお願いし、この被告人の反省や更生への覚悟、誓いに呼応して、協力するつもりである旨の自筆の陳述書を作成してくれる者をできるだけ多く探して、集めてほしい。

加えて、ご婦人自身が、被告人に代わって被害者のお見舞いに行った状況（いつ、誰が、どこに、何を持って、お詫びし、相手はどう言ったか）を、具体的に一覧表にして持参してほしい旨も伝えました。

私自身は、日中の仕事が済んだ後、ほとんど毎晩のように被告人に面会し、被告人の心情の変遷や、指の症状の悪化をメモし、「被告人の留置場外における治療の必要性を立証する、弁護人作成の陳述書」の準備に努めたのでした。


そして、これらすべてが私の手元に集まったとき、私は被告人に関する保釈申請書を裁判所に提出しました。すると、裁判所・刑事部の書記官から「被告人〇〇〇〇の保釈申請の件で、裁判官が熊川弁護人と面会したいと言っております」との連絡を受けたのです。

私は内心「好転かも！」と喜びました。刑事事件を専門とする主任弁護人さんが、三度も却下された保釈申請を、私は〈確実さと誠実さ〉を補完することで乗り越えられるかな……と思ったのも束の間でした。自動車に乗って、勇んで乗りつけた裁判所で、裁判官が言ったのです。

「保釈の必要性については、理解が深まってきました。しかしながら、保釈については、1つ条件があります。被告人の身柄確保（逃亡させない、証拠湮滅《いんめつ》をさせないこと）のために、被告人自身が納める保釈保証の現金とは別に、追加主張や提出予定はあるでしょうか」

〈確実さや誠実さ〉を証するために必要なこと、それは、他人をどう動かしたかではなく、最終的には自分自身の振舞いに集約されるでしょう。私は「私名義の100万円の保釈証書を差し入れましょう」と答えました。これにより保釈が決定し、被告人の身柄は釈放されたのでした。

この保釈解決以降、私のもとには時折、保釈の実現が難しい被告人の家族や関係者が相談に訪れるようになりました。そして巷では「保釈の熊川」とか「弁論の熊川」などと囁かれていると耳に入りましたが、気持ちは少々複雑でした。

私はいつでも「オールマイティの熊さん」と呼ばれることを期待して、弁護活動に励んでいたのですから。

〈誠実さ〉を証するために必要なこと。
それは、他人をどう動かしたかではなく、
最終的には、使命感に満ちた、
〈自分自身の振舞い〉に集約されるでしょう。

お金の友、心の友

弁護士として活動を続ける中で、人生において非常に大切な存在であり、必要不可欠なものの一つだと、改めて確認させられたのが〈お金〉でした。世間で「打ち出の小槌を持って生まれてきたような人」と表現されるような果報者は例外中の例外――私を含むほとんどの人が、物心ついて最初に目覚める常識は、何事をなすにもお金がなければ始まらないという感覚ではないでしょうか。

誰もが、まず生きるためにお金を手に入れる算段を考えます。適切な収入の道を得なければ、真っ当に生きられないからです。最初、人はどのように働くかで頭を悩ませます。その次に、働いた結果として手にしたお金をどのように使うのかで、また悩みます。

弁護士を長くやっておりますと、個人の契約問題、相続、損害賠償など民事裁判のトラブルの多くに金銭が絡んでいることを知ります。

これまで、私に相談が持ち込まれた金銭貸借トラブルは相当な数に上り、おまけに、そこでは親戚という血の関係、あるいは友人という情の関係が利用されることが多数。借金の申込者たちはかなりの虚言を振りまいて、金を貸してほしいとすり寄ってくるのです。

この時、大事なのは〈お金を貸すこと＝相手の喜ぶこと〉と誤解しないことです。相手は借金を申し込んできているのですから、短期的に見れば〈お金を貸す＝相手は喜ぶ〉に見えますが、反面、長期的に見て〈その時はお金を貸さない＝相手に堅実さを養わせる〉という立派な効果も期待できます。

適当な金高であるならば、用立てることもできましょう。けれども、度重ねてというようになれば、申し込み側に厄介な事情が発生しているはずであるから、決然として、率直に事情を尋ねるべきでしょう。

生きるためには、お金が必要です。それも食べて寝るだけでは、少し寂しい。もっと蓄えを増やせば、暮らしに幅が生まれる。余裕をもって生活すれば、気分は朗らかになる。気分が朗らかになれば、対人関係の緊張もほどけます。

それでは、この好循環を生むために、私たちにはいかほどのお金が必要なのでしょうか？

私は、これを金額で定めることはできません。お金の量や額よりも〈貯め方と使い方〉が、決定的に大切になってくるはずだからです。

お金は、お金の友を好むといわれます。

同様に、心の友も、心の友を好むでしょう。

そして、友の集まるところにお金も集まる傾向は否めません。

できることなら、友と語って勉強し、金融についての感覚も身につければ、必ず酬《むく》われるでしょう。

人生で最も避けるべきは、吝嗇《りんしょく》です。ケチは、この社会が扶け合い、支え合い、尽くし合い、気の配り合いで成り立っているという根本を理解していない、連帯感情の欠けた人だと思います。

他人の親切や、人間の情を解することのできない〈忘恩の徒〉。

自分のことを考えるだけの能力しかもっていない身勝手者。

交際の不適格者で、冷血な、心友の対極の人でしょう。

学生生活を了《お》え、社会人ともなれば、どのような環境にあろうとも、ときに悪条件が重なって、心が沈みがちになったり、劣等感に苛まれたりする場合もあります。そのような気配が感じとれる友人に対しては、最優先に一番効果的と考えられる手法で、元気を取り戻せるように、説得に努めるべきでしょう。効を奏しなかったとしても、会話そのものに意味があるからです。

ご無沙汰が続いた友についても、何か役に立つことはないだろうかと、気を配りたいものです。また友が病傷で入院したことを耳にしたときなどは、可能な限り、急いで、返さなくてもよい程度の重くない金額を持って、駆け付けることが望まれるでしょう。感度の優れた繊細なセンサーをもち合わせた、心友力の発揮が期待される由縁はここにあります。

お金は、お金の友を好むといわれます。

同様に、心の友も、心の友を好みます。

そして、
心の友の集まるところにお金も集まる傾向は、
顕著です。

『リーダーを目指す人の心得』

コリン・パウエル、トニー・コルツ・著／井口耕二・訳（飛鳥新社）より

1974年、大隊指揮官として韓国にいたとき、視察にきたペンタゴン高官の話を聞くため、いますぐ講堂に集合しろとの命令が私の大隊に下された。事前連絡もなしに20分で集合しろ、と。隊員は駐屯地中に散っていた。抗議しようとしたが、時間を無駄にするな、さっさと隊員を集めろと言われてしまった。

講堂の鍵は斧でたたき壊す。そのあたりにいた兵士は有無を言わさず連れてくる。こうして、講堂は時間ぎりぎりに満杯となった。到着したペンタゴン高官は、人種問題について10分間話をすると去っていった。／兵士らは、この騒ぎはなんだったんだと思いつつ、講堂を出ると散っていった。／ウチの大隊指揮官はアホウだとぶつぶつ言っているのだろ

うなと思って私は落ち込んだ。執務室に戻ると、私付きの軍曹がひとり近づき、上機嫌でこう言った。／「隊長、今日も軍人でよかったと思うようないい日ですね」。

「そんなことがあるか。たったいま、しょうもない見世物に大隊全部を駆りだしたんだぞ」／「そんなことはどうでもいいんです、隊長。兵にはわかってますから。あそこにみんなを集める必要があなたにはありましたが、ああいうばかげたことをしようなど、あなたが考えるはずがないと。皆、あなたの部下ですから」

心に灯がともったような気がした。人生最高の承認だった。

コリン・パウエルは、1991年の湾岸戦争時、米軍を統括する統合参謀本部議長にアフリカン・アメリカンとして初めて、それも史上最年少で就任した人物です。

同書に目を通せば、優れたリーダーの資質とは部下をよく知り、尊敬すること、また先頭に立ち、自分の能力を示すことによって、部下から尊敬が勝ち取れることを熟知して実践すべきものと納得させられます。

長らく差別を受けてきたアフリカン・アメリカンでありながらスピード出世をしたので、風当たりも激しかったであろうに、同書に恨み節は見えません。自分がそこまで進めたのは、先輩、上司、部下のおかげだと、感謝の気持ちがところどころに表れており、あらゆる面から見ても、その謙虚さに胸を打たれます。

ちなみに、同書の原題は『It Worked for Me(私はこれでうまくいった)』で、これがベストだとも、唯一だとも書いていません。これぞ〈謙虚〉ではないでしょうか。

心の通いで敵も味方に

熊川法律事務所の発足から、約11年の月日が経った頃、新年の浮かれ気分も少し落ち着いた正月半ばのことだったと記憶しています。

いずれも私より少し後年に弁護士会に登録した3人の若手弁護士が、突然来訪しました。A氏は弁護士活動も快活でしたが、弁護士会の会務にも熱心な若者、B氏は企業の顧問等も多く手掛ける売れっ子弁護士、C氏は親戚に長老弁護士も存在する理論派であるとともに、弁護士会の社会的活動を重視する正義派弁護士でした。

「先輩！　この書面に署名・押印してください」

そう言うなり、三弁護士は藪から棒に1枚の紙を差し出したのでした。紙には「群馬県・弁護士会の会長選挙へ立候補する」旨が書かれています。あまりのことに驚き、絶句した後、当時不惑の年を越えた間もない折だった私は絞り出すように言いました。

「私は未熟で、県弁護士会の会長職に就くにふさわしい能力や経験をもっているとは思えません……第一、次年度は、ベテランのP先生が会長になることが既定路線、多くの会員の常識的感情なのではありませんか」

じつは、私自身も、県弁護士会の運営に若干の問題を感じていないわけではありませんでした。県弁護士会には、役員の民主的な選出規定を定めた内規が存在していましたが、この数年はあまり機能していませんでした。忖度といえば、言葉が悪いかもしれませんが、長老格のベテラン先生方を中心にした〈空気〉によって、いわば既定路線として役員が決まっていたのです。

しかし、ある種の問題を感じているからといって、私が立候補すれば、そのことだけで雰囲気が変わるとは思えなかったことも事実です。それとは別に、せっかくのお声掛けに即座に応えることができなかったのは、まだ私自身が〈心友力〉の核心を摑みきれていなかったという事情もあるかと思います。

若年弁護士3人を目の前にし、逡巡している最中――今になって振り返れば――私が考えていたのは、如何にもつまらないことでした。3人の申し出を呑めば、先輩の弁護士先生方から、思慮浅薄で軽率な人間と見られてしまう。

同時に、ここで申し出を断れば、勇気を振り絞って私に立候補を促した3人をはじめ、同弁護士とともに思案し、私への申し出を決断してくれた若い先生方からは、浅薄な度胸なし人間と評されてしまうだろうと。

うーむと考え込んでいる最中、胸に突き刺さった言葉がありました。

「悲しい……」
「民主的な手続きこそ、新しい司法の根幹なのに、長老たちだけで（事実上）会長を決めてしまうような慣習は悲しい……同僚たちも嘆いているのです」
「恥ずかしい……弁護士会が、加入の有無が個人の自由に委ねられる『任意団体』ならまだしも……」

たしかに、弁護士会は「強制加入団体」で、司法試験に合格し、司法修習生を卒《お》えた者が弁護士として活動を始めるためには必ず入会しなければなりません。そして、単位弁護士会と日本弁護士連合会（日弁連）双方の監督的規律のもとで業務を遂行することになっています。

民主国家における「強制加入団体」が、それも司法の根幹に関わる弁護士たちの所属組織が〈非民主的陋習〉に囚われているのは、おかしな話だと思いました。

「会長選挙について、熊川先輩はいっさい動かなくて結構です。恥はかかせません！　私どもを信じて任せてください」

3人の口調はますます熱を帯び、私の心を揺さぶりました。

「帝国大学の法学部を卒業さえすれば、弁護士を開業できた時代とは一変し、現在は裁判官であれ、検察官であれ、弁護士であれ、希望する者は均しく一律に司法試験を受けねばならないようになりました」

それは、仰る通り。

「そして合格後は、2年間にわたって国費を戴きながら、最高裁判所・司法研修所で研修をし、後期試験を経て初めて判事、検事、弁護士と、それぞれ自分の選んだ道に進む〈法曹一元化〉の新時代がやって来ました」

それも、仰る通り。

「吾が群馬弁護士会で法曹一元化という新制度下の弁護士第1号は、熊川先輩です！　その熊川先輩に新制度の趣旨を実践する立場、会長として先頭に立ってほしいのです」

私の心は、次第に三弁護士の言葉に揺さぶられていきました。その口説き文句は、まだまだ終わりません。といっても、私を御輿で担ぐために誉めそやすばかりという邪心も感じられないのです。口説き文句でありながら、胸の痛い指摘が飛び出します。

「前橋刑務所に服役している人々の、よろず法律相談に応ずる法務大臣嘱託の篤志面接委員や、県の青少年育成審議会委員、自民党県連顧問をはじめ、県内の各種団体の充実に関与していて、多忙であることは分かりますが、自分が飯を食うための所属団体にも、そろそろリーダー的力を注ぐべきではありませんか」

後に振り返って思いましたが、この絶妙な矯《た》めつ眇《すが》めつのバランスこそが〈心友力〉の一側面であったのでした。

「民事問題、家庭問題、刑事事件など、依頼者の数も県内トップなのは知っていますが、その業務拡大に伴って、熊川先輩の事務所には若い勤務弁護士も在籍しているのだから、弁護士会の役員として動く時間はないと仰るのは無責任ではありませんか」

私は、今まで自分でも気づいていなかった〈無自覚なモチベーション〉に気づかされました。心の奥底では、いずれ将来は弁護士会の会長という役職にチャレンジできる能力を磨きたいと思っていたのです。これぞ、まさしく「心友力を磨け！」の天啓であったのかもしれません。

心友同士であり続けるために、最も肝要なポイントは〈適度〉であること。そして、自分と他人の交わりの勘どころは〈控えめ〉をはみ出さないこと。この2つの距離感から生まれる〈心の通い合い〉が基盤でしょう。

相手が密かに望んでいることを見抜き、それ以上は求めないこと。出すぎた厚意は、時として、侮辱に転じかねません。

「熊川先輩の法廷における活動は、裁判所の職員からも注視されています。それは新制度の理念に沿った〈新時代の訴訟行為〉のモデルになり得るという期待の表れだと思います。ですから、熊川先輩には、群馬県の弁護士全体の研修面に気を配るという意味でも、会長職にチャレンジして戴きたいのです」

私は決断しました。他人の欲求を推察して、積極的に支援を開始する〈能動的心友力〉を養うだけでなく、他人があらゆる面を推察した結果、当方に申し込んできた、忠告的支援を受け容れるのも、〈受動的心友力〉として深慮すべきものであるとの考えに至ったのです。

誰であれ、自分を大切にしてくれる、多角的な側面から大事にしてくれる心友をもつことの嬉しさは筆舌に尽くしがたく感じるはずです。そして、心からの篤い交際の永続を願い、友情を注いでくれた心友に対して、今度は逆に「よし！　自分も、この心友のために、何か役立つことを精一杯、誠意をもって実行してみたい」。

〈誠意をもって、友情に応える〉ということは、大変奥の深い命題です。

そしてこの時、私は心友というべきこの3人の若手弁護士とその背後に控える、新時代に期待をかけるたくさんの弁護士に応え、会長選挙に異例の立候補を行うことを決意するに至りました。「印鑑貸してください。こちらが捺しましょう」と、3人のうちの1人が言いました。

私が頷くと、3人は心の底から嬉しそうな表情でした。その結果、二十数歳も年上の他の候補者の先生にわずかな票差で、私が会長に選出されたのでした。まだ単位会執行部の知識も浅く、未経験の私は「大型台風接近中」の心境でした。その後、ある会員が言いました。

「私が調べた範囲では、全国のどの弁護士会においても、熊川弁護士の年齢で会長になった例は、弁護士会制度が始まって以来、存在しないそうです」と。

相手（人）が秘かに望んでいることより
出すぎた振舞いになれば、
厚意どころか、侮辱に転じかねません。

人間関係で最も肝要なポイントは〈適度〉です。

自分と他の人との交わりの勘どころは、
〈控えめ〉をはみ出さないこと。

努めたい、見た目を超えた実力磨き

群馬弁護士会会長職に就いていた間の私の事跡の一つとして、県内外の会員の方々が、関東弁護士連合会（関弁連）大会の成果を取り上げてくださることが少なくありません。

当時、群馬県安中市内の東邦亜鉛株式会社安中製錬所の煤煙をはじめ、いろいろな角度から「公害問題」が話題になりかけておりましたところから、関弁連大会の分科会での研究・討議の課題のみならず、大会での宣言議題にも掲げる濃密で先覚的な企画のもとに、かなりの月日にわたる調査・研修・討議等を関弁連内の各弁護士会の担当委員にもご協力戴きつつ、群馬弁護士会会員が、中心的推進役で実行しました。所謂公害法理の理論的原則や、実証的研修結果の発表等で、各方面から高い評価を戴き、今も語り続けられていることは、嬉しく感じます。

多くの会員の理解ある指導と活発な提言、優れた副会長さん方の補佐を受け、新米会長の私は、一般的会務に改革的色彩をにじませることができました。また地元弁護士会に、10年に1回程度回ってくる関弁連大会も好評のうちに無事終了し、いわば、第4コーナーに突入したと目せられたところまで進んできたのです。


その頃、私の耳に風の便りが届きました。県弁護士会の会員同士の茶飲み話として「熊川会長を、日弁連の次期副会長に推そう」という話題が盛り上がったというのです。当初、私は茶飲み話と割りきり、知らぬ存ぜぬを通していましたが、日が経つにつれ、実話に近づき、実話は現実になり始めました。

すると、県弁護士会の長老方の一部が「当会の現会長のような若い者が、日弁連の副会長では、世間体が良くない。弁護士会全体が軽く見られる。少なくとも10歳は、従来の日弁連の最年少副会長より若いではないか」という声が出てきました。そのため、県弁護士会においても、私を日弁連副会長候補としての推薦することの適否の討議をなす会議が正式に開かれたのでした。

出席した多くの委員から「推薦すべきである」と発言を戴きましたが、長老の一部委員からは「活躍と実績は認めるが、あまりにも若すぎる。全国的にも、前例がない」などと否定的な意見が出ました。しかし、最終的には、それら反対意見は撤回され、私の所属単位会としては、私を推薦してくれることに決まったのでした。

そして、この決定に基づき「熊川を日弁連副会長に推薦するか否か」の十県会（新潟・長野・山梨・静岡・横浜・千葉・埼玉・茨城・栃木・

群馬の各弁護士会）代表者会議が開催されたのでした。

茨城県の弁護士、関谷信夫理事からは「日弁連において、慣例を重視する意味はもちろん理解できます。しかし、熊川弁護士が群馬弁護士会会長として、また日弁連の理事として果たしてきた実績には大変顕著なものがある。とくに、過日の関弁連大会での議長としての見事な手腕は、お歴々の長老を凌ぐものであったと思われます。法曹一元化制度実施後の弁護士を、そろそろ日弁連副会長に推して、会長を補佐してもらうことは、時宜を得ているのではないでしょうか」という言葉が述べられました。

他方、富士山に近い場所の弁護士会の代表からは「こんな若い副会長を選出した例はまったくない。慣習というものも軽視されるべきではない。日弁連の格や重み、世間体というものを軽く見るべきではない」と、強烈な反対論も出されました。こうして各弁護士会が持論を展開し、種々の議論が行われた後、最終的な結論として「十県会としては、熊川を日弁連副会長に推薦する」と決まったのでした。

しかし、私は憂鬱な気分が抜けず、皆さまからの推薦にお応えするかどうか、まだ決めかねていたのでした。頭の片隅にずっと引っかかっていたのは、米国の著名な心理学者、アルバート・メラビアンの研究です。メラビアンの「人間と人間における、情報伝達時の印象度分布をグラフ化したデータ」によれば、話の具体的な内容（知覚的要素）が左右できる「印象の強さ」は、わずか7%。声質や話し方のトーン（聴覚的要素）は38%。対して、見た目（視覚的要素）は55%にも達します。

要するに、人の印象は「大半が見た目に影響を受ける」ということです。もし、メラビアンの法則が絶対なら、たしかに、各種弁護士会における議論で「伝統ある日弁連の副会長職を務めるには、熊川では若すぎる」という反対意見が出るのも容易に理解できます。私も、将来のチャンスに備えて力を磨くべきだろう……今回は、推薦を断って事態を収めるべきではないかとも考え、悩みに悩みました。

そんな中、最後の一押しをしてくれたのは、日弁連会長に内定していた堂野達也先生の言葉でした。ある日、日弁連の事務総長側から「堂野先生は、かつて、司法研究所教官として、群馬弁護士会長の熊川先生を指導なされた、師弟関係だそうですね。堂野次期日弁連会長も熊川先生の日弁連副会長を期待しているとのことですョ」との連絡が入ったのでした。

この言葉には、勇気づけられました。メラビアンの法則は説得力のある法則ですが、これがすべてではないでしょう。人は、大多数の意見も重要でしょうし、ただ一人の言葉に突き動かされることもあるのでしょう。私は、日弁連副会長の役目を果たすことを決断したのでした。

大多数の見解も尊重しつつ、
時として、
ただ一人の言葉が決断を促すこともある。

最高の報酬は自己の成長

「弁護士制度始まって以来、初の最年少日弁連副会長だネ。これまでの副会長より、10年から15年は早いよ。これからも44歳でなれる人は出ないでしょう」

関東地区および新潟、静岡、山梨地区の弁護士の方々の推薦を受け、日本弁護士連合会の副会長に選出して戴いた折に、ある弁護士さんから頂戴した言葉です。聞いた瞬間、胸が熱くなり、頑張る勇気と使命感が湧いたことは、今も鮮明に覚えています。

その後、私は「現代の弁護士は、裁判に直接関係のない分野でも、社会に貢献することを目指すべきではないか」と考えるようになりました。

〈社会に飛び出す弁護士〉を模索するため、最初に行ったのは、現在に至るまで続けている〈熊川塾〉です。

塾といっても、場所はさまざま――。希望者の数が多ければ、熊川事務所の会議室を使いますし、参集者が希望すれば近所の公民館でもよいし、どなたかの茶の間でも。私はどこにでも出向きます。前半は、参集者がご希望のテーマで私がお話しし、後半はフランクな質疑応答。さらに、参加者の皆さまに希望についてのアンケート用紙を配り、情報収集にも努めます。弁護士を続けている中で、私が得た〈種々のトラブルの核心〉は、やはり〈対人関係のもつれ〉に由来します。それらのトラブルを予防し、上手に回避できれば、多くの人は不幸と不運を相当予防できるのではないでしょうか。

私は、離婚相談の依頼があっても原則的には〈無批判的〉に「ハイ！承知しました」と、離婚裁判を申し立てることはしません。依頼者や同行していらっしゃることの多い親御さんまで「なんとか、元のサヤに収まれないものですか」と話し合うところから始めます。それは、人に与えられた真の自由な意思を、なにより尊重したいと考えるからです。子供は、自分の意思で、親を選ぶことはできません。しかし婚姻は、自分の自由な意思で選択したものです。

神ならぬ人間に百点満点、完全無欠の人はおりません。同時に、0点の人もいないはずなので、私はまず依頼者と話し合います。相手の落度のみを取り上げて攻撃せずに、自分の方にも検討の余地がないかを検討してみて戴けないものか。そこで収まる方もいらっしゃれば、収まらない方もいらっしゃいます。半年近くも説得・交渉の末、元のサヤに収まり、数年後に「おかげで、子供も生まれました」と夫婦と子供が一緒に事務所まで来てくれたときには、弁護士冥利に尽きると感じることもしばしば。もちろん、最終的に、どうしても「離婚以外に方策なし」となれば、徹底的に法的手段を進めます。

とはいえ、強調しておきたいのは、すべてが理想通りに進んだなどということのないこの世界において、不幸を避けられたとか、運が良いといわれるほとんどの場合、好運に至った経緯を探れば、その多くは、当人が常日頃から周囲の人に好かれていたことが根源で、どこからか差し伸べられた救いの手によって〈好運と呼ばれる結果〉を得ているのです。

人間の本性の一側面は〈他人のためになるようなこと〉をしない気質です。この気質の強い人は、円滑な対人関係を創ろうと意識的な努力をしません。そのような人を、どこの誰が助けたいと思うでしょうか。

だからこそ、若いときから他人に優しく、親切で、何事につけても、相手の立場に立って行動する健気な人物には、すべての人が好感を抱きます。その感情が湧けばこそ、自然に押し立てもするし、引き上げもする。それが不幸を避けるパワーであり、運と呼ばれているものの実体でもあり、機微でもあるのです。

自分を少しでも陽気にする手立てに気を配りましょう。

自分を不幸だと思っている人は、陰気です。
逆に、陰気が不幸を呼ぶのかもしれません。

仕事でも勉強でも、自分の為すべきことに、
没頭する気力の集中と忍耐（継続）を、
心がけましょう。

当面の酬いは期待できなくても、
〈目標〉に向かって邁進していると、

人柄に輝きが増し、
周囲から温かい目で見られます。

私の知る限り、
自分は不幸だと思っている人々の99%は、
努力不足が原因のようです。

長期間、
不幸が続いていると思える場合は、
種は自分が落としたと認識しましょう。

運は、
周囲の者との協力による合作物ですから。

原理と原理の衝突は「正義」で調整

ある日、一人の若者が事務所にやって来ました。疲れ果て、追い詰められた表情をしていたので事情を尋ねると、地元住民ではなく、群馬県に接している他県の大都市から足を運んだとのことでした。

「熊川先生のことは、国会議員のR先生から伺いました。じつは、うちの社長が警察に連れて行かれ、もう3週間近く経つのですが、まだ帰してもらえそうにないのです。

まったく困ってしまい、R先生に御相談したところ、『群馬の熊川さんに話してみなさい』と。なんとか、社長の弁護をお引き受け戴けませんでしょうか」

聞けば、その社長さんは、少し前に行われた県議会議員の選挙で、激しい選挙戦が展開された地域で、上位当選を果たした議員の選挙参謀の任にあった方でした。

弁護士の行動を決断する際に肝心なのは、〈ことの軽重を瞬時に見極める〉こと。

そして、たとえ朝に決めた優先順位を昼に変更することもいとわない〈柔軟性〉かもしれません。私はさっそく、その日のスケジュールを変更して、社長さんが勾留されている警察署まで車を飛ばしました。

「すでに5回ほど、別の弁護士先生が面会に来てくれたのですが、弁護士さんと会うたびに刑事さんの取り調べが厳しくなり、新たな逮捕者が出るのは、いったい、なぜなのでしょうか？」

これが社長の第一声でした。接見した社長さんは、R先生の紹介を受けてやって来た若者に似て、いや、それ以上に疲労とストレスに苛まれている表情です。詳しく話を伺ったところ、社長さんには「接見等禁止決定」が出されていたので、社員や友人はもちろん、親戚縁者でさえ接見は許されず、これまで面会に来られたのは、弁護士だけだったというのです。

「でも、弁護士先生はせっかく来てくれたのに『黙秘権があるのですから、何も答えなくて良いのですよ』と書かれた巻紙を両手で広げるだけで、帰ってしまうのです」

続けて社長さんは、逮捕されてから現在までの取り調べにおいて「刑事さんと検事さんには、すべての事実をありのままにお話しし、作成してもらった供述調書にも拇印を捺しました」と言われました。

供述調書で述べていた事件の概略は、次のようなものです。

県議会選挙において、さる候補者の選挙参謀になった社長さんは、選挙区内の地域を東西南北の4ブロックに分割しました。そして各々の区域に「参謀／副参謀」を任命し、支持者の拡大運動を展開していた最中、社長さんよりさらに格上の総参謀長的な地位にあった長老さんが、自身の経営する会社の会議室で、集まった方々に対して、各自に数百万円の現金を配付したとのことでした。

この時会議室には、4つの地域の参謀および副参謀、それに候補者の叔父ら9人がいました。後援会拡充のピッチを上げるために配付された（各自につき）数百万円の現金はその後、さらに下部の組織に運動費用として配付されたというのが、事件のあらましです。捜査機関は、金銭配付の時期が選挙公示日に近かったこと、配付された金額が合理性を欠いた大きな額だった点を重く見て、これを正当な後援会運営費とは認めず、公職選挙法に違反する〝買収および利害誘導罪〟にあたると考えているようでした。

私は接見の状況を、被疑者らの後援によって当選した県議会議員本人に伝えました。すると同議員は、最初に依頼していた弁護人に「裁判が始まるまで、各被疑者への面会は差し控えてほしい」と依頼したとのことでした。この時点で逮捕者は9人に上っていました。すなわち、会議室で現金を受け取った全員です。

弁護人に選任された私は、各被疑者たちに接見して話を聞いて回りました。といっても、被疑者たちはそれぞれ異なる警察署に分散して勾留されていましたので、朝の8時に面会をスタートしても、全員を終わるのは午後9時過ぎということも再三――。それでも、全員の話を聞かずに〈法に基づく正義〉を果たすことはできません。

こうして早朝から深夜まで各人の話にじっくり耳を傾け、ようやく全貌が明らかになりました。全部で9人に及ぶ被疑者たちの中に黙秘権を行使している者は一人もおらず、すべての被疑者は実際に行われた行為に即して、記憶通りに素直に供述をなし、その内容が反映された調書が作られていたのです。

もちろん、これは各被疑者に接見を重ねた私の認識であり、この時点では、第三者の誰もが認める〈真実〉とは言いきれません。捜査機関と弁護側の争点の一つとして残っていたのは、各被疑者の行動ではなく、彼らの支持を受けていた新候補者の関与の程度でした。

会議室で多額の現金が配付された際、その部屋の中に（後に当選する）候補者がいたことは、被疑者全員が認める事実でした。ただ、9人の供述のそれぞれによると「現金を配る相談に、候補者自身も加わっていたか」、「もし加わっていたとすれば、その関与の程度と内容はいかなるものだったか」の2点については、各人の見解が分かれていたのです。

だとすれば、本当のところは当人に尋ねるしかありません。ある日、私は逮捕された被疑者たちの供述を気にかけていた当選者（新県議会議員）と喫茶店で面談しました。そして、私の知る限りの接見状況を説明したところ、彼がいきなり立ち上がって叫んだのです。

「俺、これから検察庁のトップに自首します！」

突然のことに驚き、しかし、まずは落ち着いてもらう必要を感じた私は、「先生、言動には冷静を要しますよ」と言いました。

感情豊かな人間は素晴らしいですが、同時に、成人は自らの言動が及ぼす影響力の大きさを忘れてはなりません。

「何も買収の共謀者と決まったわけではないのですから」と。

そう、これは現在でも、多分に誤解されることの多い点ですが〈逮捕＝有罪〉ではありません。最終的に〈有罪／無罪〉の裁定を下すのは裁判所であって、警察や検察ではないのです。そして「もし仮に、疑いをかけられているとしても、行為の違法性には〈濃淡と段階性〉というものがあるのですよ」。

追い詰められた当選者の心を乱さぬように気を配りながら、私は冷静に伝えました。それでも、彼の心はまだ揺れている様子です。私は、弁護士として今の〈自分の言葉〉に、何か不足があったのかどうかを胸中で点検しました。

そして、ぼんやりと見えてきた不足を、続けて言葉で補いました。

「先生！　あなたの胸に輝く県議のバッジは1万3000人にも及ぶ投票の凝縮の結晶ですよ。あなたには、民主主義の原点たる参政権の行使によって選出された者としての責任があるはずです」

人は誰でも、一人では生きられません。一人で生きられないということは、自分の人生であっても、その決断の影響は一人の範囲だけにとどまるのではなく、自分に関係した、自分を支えてくれる、自分を信じてくれた周囲の方々に及ばないはずはないのです。最終的に決断を下すのは一人ですが、その決断を下す前には、自分の気持ちや事情だけでなく、多くの心を通じた人たちに思いをめぐらせてほしい……。

私たち一人ひとりは、それぞれの心友に対する責任、自分を支えてくれる人への責任、自分に期待を寄せてくれた人への責任、自分を信じてくれた人への責任を帯びているのです。

私は、眉根にシワを寄せ、心中で格闘を続けている当選者に語りかけました。

「私には弁護士としての使命があります。今回の事件は、違法行為を調べる『司法の問題』と民主主義に基づく政治の原点たる『投票／参政権』のせめぎ合い。その喫水線をどこに定めるかが問われる、きわめて重要なケースになります。私は司法の一角を担う弁護士として、今回の事件の具体的妥当性を追求します。その上で、先生が失格にならずに県議会議員として大いに活躍し、投票した方々の参政権を無にしないように、その使命と責任を果たして戴くために弁護士活動をしているのです」

ついに、彼の瞳が光を放ちました。心の乱れは、眼差しの乱れに表れます。意志を固めたとき、その目は強い光を宿すのです。

「もし先生が検事さんに呼ばれるにしても『被疑者』としてではなく、なんとか『参考人』程度に収めたいと、着々と準備を進めています。ですから先生も、市民の負託を受けた政治家として活躍のための準備、勉強を進めてください。先生の行く先は、属する派閥の親分のもとであっても、検事ではないでしょう。だいたい、時計を見て戴けますでしょうか。もう夜の10時ですよ。こんな時間に来られたんじゃあ、検事正だって迷惑じゃないですか」

場を和ませようと私が口にした言葉に、彼が静かな微笑みで応じてくれたとき、私は最終的な結果はどうであれ、今は自分の決断を信じるしかないと思いました。

「検察庁から呼び出しで厳しい質問を受け、どうにも答えに窮した場合は、最後の手段があります。胸のバッジを外して、検事さんの机の上に置くんです。それから『これは、検事さんにお預けさせて戴きます』と言ってみるんです」

と、私は言葉を付け加えました。

後日、新県議は検事さんの聴取を受けましたが、「しばらく検討の期間をもちましょう」との言葉をもらったと聞きました。そして最終的に9人の被疑者は全員が社会生活を営みながらの更生の機会が与えられ、新県議の先生は処分ナシでした。それから着々と勉強と実績を重ねた同県議は、さる政党の県連役員を経て国会議員となり、全国民の記憶に残る顕著な活躍を見せたのでした。

それでも、だからといって、私が当時の決断に100%の確信をもっていたわけではありません。100%の確信は、過信につながります。決断に自信をもっても、過信に陥らないこと。自分の中に、もう一人の自分をもち、真実を追求するための自問自答を続けること。

私は今でも、あの時、新しい当選者の自首を促し、共犯者の責を果たさせ、バッジを失効させた方が〈正義〉に適ったのだろうかと自問し、苦境を反芻します。

私の決断と行動は、刑法の理念に合致していたのか……新憲法に基づく参政権の保障、地方自治の理念に合致していたか……あの時の自首について……法哲学による最も公正な判断とは如何に？

ずいぶんと月日は流れましたが、今でも時折夢に見ます。

行動を決断する際に肝心なのは、
ことの軽重を瞬時で見極めること。

そして、朝に決めた優先順位を、
昼に変更することをいとわない柔軟性でしょう。

最終的に決断を下すのは一人ですが、
その決断を下す前には、
自分の気持ちや事情だけでなく、
多くの心友たちに思いをめぐらせてほしい……。

私たち一人ひとりは、
それぞれの心友に対する責任、
自分を支えてくれる人への責任、
自分に期待を寄せてくれた人への責任、
自分を信じてくれた人への責任を負っているのです。

紛争　事後的解決か、予防的対策か

1978年。群馬県第一区（定数3名）で選出され、運輸大臣や衆議院・副議長などを務めた議員が亡くなりました。

同選挙区内で医院を開いていた日本医師会幹部の一人は、現職議員が入院していた経緯と治療の状況を知り尽くしていたようで、議員が亡くなる半年以上も前から、次の衆議院議員選挙での立候補を目指して、後援会の設立とその強化に力を注いでいました。

他方、元衆議院・副議長の御子息は、日本有数の大企業に勤務していましたが、御尊父の死後はただちに職を辞し、亡父を長年にわたって支えてきた後援会の役員方への挨拶回りを精力的に展開。定数3名のうち、亡くなった副議長を除く現職の2名は、いつ総選挙になっても当選が確保されるような、多数の強力な支援者に支えられている状況でした。

ごく一般的に考えれば、この一連の流れの中で現職2名に次ぐ支持基盤をもつのは、故・副議長の御子息ではないかと見られていたのですが、挨拶回り開始から約8カ月が過ぎた頃、御子息は突如、次期総選挙に立候補しない旨を表明されました。

すると、その表明を機に、群馬県第一区の自民党系・候補者問題が地元民の話題の一角を占めるようになりました。自民党・群馬県連は、突然空いてしまった1枠に対して、まずは、元県連幹事長を擁立しようと考えたようでした。しかし、県連の打診への、ご本人の回答は「推薦は辞退させて戴きたい」だったので、同県連は次に前県議会・議長に声を掛けました。ところが、この前議長もまた「辞退させて戴きたい」との意向でした。

有力な地元紙「上毛新聞」一面をほとんど埋め尽くすような形で、巨大な記事が掲載されたのはその直後のことでした。群馬県地方区選出の元参議院議員が、群馬県第一区から総選挙へ出馬の意向を――。この報道に衝撃を受けたのが、自民党県連・第一区の役員の方々でした。あれほど大きく上毛新聞の記事で報じられたにもかかわらず、当の第一区の役員方は「一言も相談を受けていない」、「どうして、第一区に住んでもいない人が出るんだ？　第一区内の居住者で適任者はいくらでもいる」等々、一斉に批判や反対の意見が噴出する事態となりました。

「熊川君、次の衆議院選挙に出馬してくれないか……候補者擁立の必要性や経緯、状況は君も承知している通りだ。何も第三区に住んでいる元参議院議員に出てもらう必要はない。君を推薦したいというのが、我々全員の一致した意見だ。ぜひ受けてもらいたい」

私が群馬第一区内の自民党県議が揃う部屋に招かれ、告げられたのは、地元新聞に元参議院議員の記事掲載後、程ない時期でした。出馬要請を聞いた瞬間は驚きましたが、じつは胸中の奥深くに期するものがあったことは、その場では口にしませんでした。

「光栄なお話ですが、自民党県連副会長のお医者さんがすでに1年半も前から準備を進めておられるのでは？」

と、私は県議の方々にお尋ねしました。すると返ってきた言葉は、

「君も知っている通り、第一区の定数は3名だ。もちろん、副会長の医師は当選するだろう。それに現職の自民党議員の再選も固い。となれば、残る枠は1名。定数いっぱいまで公認候補者を立てることには、支持層を分断しかねないリスクもあるが、反面、積極的に党勢を拡大し、選挙民に応えるチャンスでもある。どうか、理解してほしい」でした。

この口説き文句の最中、他の県議が発した不規則発言も耳に入りました。

「君は弁護士なんだから、落選しても何とか食っていけるじゃないか

……」

この不規則発言には、少し心を傷つけられましたが、論理としては間違いとは言えません。その後も、おだてたり、要請されたり、お願いされたりと、あらゆる角度からの説得に襲われ、ついに私は承諾するに至ったのです。しかし、この承諾が必ずしも〈意に沿わぬもの〉というわけではなかったことは、きちんと説明しておかねばならないかもしれません。

あの場では申し上げませんでしたが、私には期するものがありました。新人の弁護士として事務所を開設してから十年余。幸いにして本業の仕事は徐々に忙しくなり、勤務・協力してくださる弁護士も毎年のように増えている状況でした。

その中で、いわゆる弁護士が担当する「行為」を類型化した場合、旧来の伝統的な業務におけるかなりの領域が、次のように、〈事後的／受動的〉であると認識しました。

◆弁護士の業務を占めるかなりの領域
――原則として「過去」を扱う――

人的範囲：個別的
時期：事後的（トラブルや問題が発生した後から、業務が始まる）
案件の引き受け方（意欲の形）：受動的
行為への関与：問題の発生時点から考えれば、終末期に関与

もちろん、私は伝統的な弁護士業務にも、新憲法のもとでさらに発展した弁護士業務にもやりがいを感じていましたが、日々、経験を積み重ねる中で、いずれは「別の領域に属する行為」に挑戦してみたいという気持ちが芽生えつつありました。

そして、県議の方々から衆議院選挙への打診を受けた際、まさに次に述べるような点で、政治家が担う使命の領域が〈予防的／能動的〉なものだと確信したのです。

◆政治家の使命を占めるかなりの領域
——原則として「現在／未来」を扱う——

人的範囲：不特定多数（国会議員であれば、日本国民）
時期：現在および将来的
案件への取り組む姿勢（意欲の形）：能動的（依頼ではなく、自ら問題を提起できる）
行為への関与：問題の発生以前から、予防的に関与できる行動を決断する際に肝心なのは、ことの軽重を瞬時に見極めることでしょう。１つ前の項で強調したように、私はその場で決断しました。私は百姓の両親をもち、選挙区内での生まれ育ちでもなく、これといった資産もありません。「地盤／看板／カバン」のいずれももたない状況下でしたが、それでも衆議院選挙へ出馬する、と。

こうして、１日24時間をフルに活用した選挙運動が始まりました。早朝から夕方までは弁護士業務に精進し、夕方5時前後から夜中までは、支持者獲得に全力を尽くす。自民党（県連）の公認を得た立候補者でしたが、党の実質的応援はほとんどありませんでした。自民党というより〝自分党〟という感じです。後援会の設立から政策パンフレット作り、ポスター、選挙事務所まで、やらねばならないことは山積していました。

それまでは、法律事務所と目の前の前橋地裁との往復が日々の動きの多くを占めていましたが、選挙に立候補となれば、行動範囲は埼玉との県境から新潟の県境まで、群馬県でも中央を幅広く縦断する、第一区の全地域を回り、有権者と意思疎通を図らねばなりません。

本来、目玉候補と目されていた元衆議院副議長の後援会幹部役員への挨拶回りも急いで始めましたが、幹部役員の半数以上は、早くから立候補準備をしていたお医者さんの後援会に移っているようでした。

そこで、私は考えました。有力な後援組織をもたない無名の私が当選するには、まずは有権者に自分のことを覚えてもらうことが大事なのではないか。覚えてもらうといっても、名前だけでは意味がない。自分の人柄と政策を印象づけたい。とくに有効な手段は、斬新なデザインと充実した内容を併せ持つ、パンフレットであろうと。

夢と希望に満ちた政策を満載にした、インパクトのある斬新なパンフレットを、他の候補者にマネされる前に製作・配布しようと考え、群馬県内ではなく、東京都の印刷業者に発注することにしました。私は編集者やライターではないので、記載する政策についての説明は、私が用意した原稿を一字たりとも勝手に変更しないこととし、パンフレットに必要なその他の部分については、印刷業者の側が責任編集するという約束でした。

ところが1週間後、手元に納品された5つ折りの7万部の冊子を見た瞬間、血の気が引きました。パンフレットの〝顔〟ともいえる表紙に〈態・川次男のプロフィール〉と印刷されていたのです。

いくら似ている漢字だからといって、熊《くま》が態《タイ》では、最悪の場合、無効投票になりかねません。時間の浪費やら、金銭面の損失やら、世の中は筋書き通りには進まないものでした。秘密作戦のつもりで東京の業者に発注しましたが、おそらく県内業者であったなら、候補者本人の姓名の誤りなどおかさなかったろうに、1部も使用できず、作り直し、悔やまれるやら、とにかく意気消沈という出来事もありました。それでも、運命を決める投票日は刻一刻と近づいてきます。

選挙運動の告示後は、一目で伝わる自分の強調点を〈若さ〉と決め、走って、走って、走り続けました。選挙カーに乗って遊説中でも、有権者が見えれば（交通ルールに違反しない限り）、車から飛び降りて畑中に走り込み、路地裏に駆け寄り、支援者と目と目を合わせて、固く握手。駆け寄った先に複数のご婦人がいらした場合には、ランダムに握手するのではなく、人生経験を重ねた年輩のご婦人から先に握手、お話しする方が余韻を残せると考え、実行しました。

新人立候補者の有権者への接近・親近感の醸成は、試行錯誤の連続でした。

現職議員と異なり、新人候補者は有権者に馴染みがありませんので、人柄に好感を抱いて戴くのに心を配らざるを得ません。

現職議員のように政策力はなくても、ありのままが織り込まれた心身の動きから、私に関心を向けて戴き、さらに「素直さ」を感じ取ってくださるよう心がけました。

「素直に本音で」語りかければ、信頼され、新人候補でも、認識・理解をさらに深めて戴けるでしょう。

理解が深まり、有権者の新人候補に関する人柄や、政策についての知識の定着率が上昇するに従い、その有権者から、他の有権者への、①伝えてみよう、②知らせてみよう、③誘ってみようという意欲の喚起につながるような、波動が広がるよう、選挙運動の斬新的な効率化に気を配りました。

一例として、次の2つの場面の比較が分かりやすいかもしれません。

選挙カーに乗って、遊説しているとき、ほとんどの家々が手を振ってくださるような地域の場合、私は皆さまにこうお声掛けしました。

「お庭から、玄関先から、あっ！　お2階から！　有り難うございます！

熊川をよろしくお願いします！」

多くの方々が、私を迎え入れてくださっている場合は、その個々の支持者に対して、私が目を向け、応援に感謝していることを具体的にお伝えするようにしていたのです。

他方、まだまだ私の支持者の割合が少ない地域に入り、たとえば、ある家からわざわざ駆け出して、私に手を振ってくださったときに、先に述べたような「支持者の個々人を特定する言葉」を発することには危険が伴う場合もあります。

その地域において、私を支持してくださる方々は少数派なので、それを特定してしまうと、他の立候補者を支持するご近所の方から、私の支持者が異色の人と思われ、その後のご近所付き合いに支障が生じる可能性も否定できません。結局、言葉は意味だけがそのまま伝わるのではなく、〈環境の中で受け取られるもの〉となります。

このような状況では、手を振ってくださった支持者に即座に声掛けするのではなく、車が少し離れ、その人の家が特定されないような距離になった時点で、「笑顔を添えての、お手を振ってのご声援、誠に有り難うございます」などとお伝えするようにしていました。

子供たちに人気だった
熊さんマーク

先に述べたように、代議士の仕事には〈将来的／予防的〉な側面があります。初出馬の頃、子供らや若者の多くは選挙権をもちません。しかし、彼らもまた未来の有権者なのです。私の後援会「熊川会」は、愛らしくデザインされた熊をシンボルマークにしていました。そのマークを使ったバッジやシールが子供に人気を博したのは意外な喜びでもありました。

下校途中の子供や学生から「熊さんマークの人だ！　マーク、マーク、

あのマーク の」と声を掛けてもらったときには「おうちに帰ったら、お父さん、お母さんに、熊さんをヨロシクと伝えてネ」と話したことも懐かしい思い出です。

当時、中学生だった私の長女から「今日、学校から帰る途中、パパと握手したよ」と言われ——どういうわけか、覚えていなかったのです——苦笑を抑えるのに苦労した日もありました。

そして、いよいよ迎えた投開票日。投票の結果は、社会党の現職と自民党の現職が1位、2位を占め、新人のお医者さんと私が残りの1席を争う形になりました。結果は、ともに5万票台と大接戦でしたが、私の方がわずかに少なかったので、次点で当選には至りませんでした。

とはいえ、お医者さんの総選挙への準備期間は丸2年。そう考えれば、短期間で激しく追い上げた私はよく頑張ったものだ……もしかすると、投票日があと数日遅ければ当選したかもしれない。落選直後には、そんな負け犬の弁解が脳裏をよぎりました。それでも、人生の決断に〝無駄〟という表現はふさわしくないでしょう。私はこの戦いによって、その後の人生の充実に通ずるいくつもの示唆を得ました。

政治の本質とは？
人生の原理とは？
人交わりの原点とは何ぞや？
心の友からの申し出、要請への対応は如何にあるべきか？
未知の心友は、どのように掘り起こすべきか？

金銭ではまったく見積もれない、広くて深い勉強、人生経験の機微に触れ、無限大の恩恵を受けたのでした。

苦笑しそうな内容でも、「素直な話」と感じたら、
心が動かされます。

信頼の土台は、その人が、
「本音で話している」ことです。

人の話は、内容以前に誰から聞いたかで、
「自発的に動きたい」か否かが決まります。

知識の定着率は、
話を聞くだけの場合　5％
他人に教えた場合　90％

素直が織り成す同心への好意者。

『人生の教養が身につく名言集』

出口治明（三笠書房）より

人間関係においてしんどいのは、こうした善人とのつき合い方です。向こうは悪気がない分、こちらとしては如何ともしがたい。／しかし、それができない場合は、数字・ファクト（事実）・ロジック（論理）で、正しい筋道を示し、誠実でかつゆるぎない態度で、相手の思い込みを撃破しなければなりません。／たとえば、マンションの管理組合の役員に企業でバリバリ働いていた人がなったとします。こういう人は仕事ができる分、管理組合の今までのやり方に対して、「なんとかったるいのか」と思って、「ここにもムダがある。ここにもムダがある」と改革をガンガンはじめるわけです。／ところが、マンションの住民の多くは改革を少しも望んでいなかったりします。／本人はマンション住民のためにいいことをしているつもりでも、周りは迷惑に思っている……。／こうなってしまうのは、周りが何も見えていないからです。自分の価値観だけで暴走してしまっている。つまり、「無知の善人」になってしまっているのです。／そして、「無知の善人」にならないためには、やはり「知ること」が大切です。

本人が〈良いこと〉をしているつもりでも、周囲が迷惑を受けているのは〈周りを見ようする〝心配り〟〉が欠けているからではないでしょうか。同書では、その欠点の解決策として「周囲をよく観察し……知識を増やしていく以外にない」とありますが、どうでしょう。この管理組合の新役員には、そもそも改革の姿勢にも問題があるのではないでしょうか。問題は、それを住民たちが〈言い出せない／言い出しにくいムードがある〉という点かと思います。そうであるなら、まず新役員がやるべきことは〈知識を増やすこと〉ではなく、住民の意見を汲み上げるべく、〈新役員から住民に近づいていく〉、〈意見を聞かせてほしい〉と声をかけることのような気がします。

脳の細胞は日々壊れていき、再生しないまま減っていくのだそうですが、この脳の神経細胞それぞれの関係を調整し、連携し合い、減少した細胞を組織して機能させる大事な役割を果たすのは「シナプス」だそうです。

人と人の関係が希薄になっていくにつれ、人と人との間をつなぐのに必要な、大事な〈心のシナプス〉が注目を浴びます。願わくは、私の著書が、人と人との間に優しい、良い、明るい、新しい関係が見えてくるような、シナプスのお手伝いに役立てば、喜びは最高です。

他人《ひと》の冷静な言葉に敬意

初出馬した選挙戦で、惜しくも⁉当選に届かなかった私は、最後まで助力を惜しむことなく支援してくださった支持者の皆さまに、力不足をお詫びして回りました。当初、私が思い込んでいた皆さまの反応は「無い無い尽くしの熊川は、今後は弁護士一筋でいくだろう」というものでした……が、思い込みに反し、頭を下げる私を鼓舞してくださる方が徐々に増えていったのでした。

そこで、皆さまにご挨拶回りに伺う際、後援会を組織するための、相当数の候補者の常套句、「●●という政策を実行したいと思います。ぜひ、ご支援をお願いいたします」を使うのではなく、「じつは……大変だろうが、もう一度、代議士選挙に挑戦してみてはどうか、と仰ってくださる方がいるのですが、●●様のご意見、ご指導を戴ければと考え、まいりました」と口火を切るようにしました。こうして社会的パワーがありそうな方々への訪問を続けたところ、結果は思いのほか、皆さまは再挑戦を促してくださったのでした。

　そして、しばらく時間を空けた後、「先日は、温かいご指導を有り難うございました」と再度のお礼に伺います。今度は「●●の団体を訪ねてみてはどうか。あそこの組合が抱えている●●の問題を研究してみるのもいいかもしれない」と、新たなご指導を戴けるようになりました。

　こうして、いわゆる後援組織をつくるにあたり、私は「(自分の意見に同意をもらった上で、それを理由に)応援を求める」のではなく「(まずは)ご指導を仰ぎながら皆さまの胸の内を吸収する」という姿勢に変え、後援会を〈イノベーション的運動組織〉に発展させることに一定の効果を見たのでした。

弁護士事務所の開業以来、私は多くの企業の法律問題に関わってきました。たいていの場合、深刻な結果に陥ることなく解決への道筋をつけられたため、気づかぬうちに〈我〉を過信するようになっていたのかもしれません。

多くの場合、人は失敗を避けようとします。その失敗を回避するための判断があまりに数多く積み重なると、今度は〈自分に限っては失敗などに見舞われない〉という思い込みが生まれてしまうかもしれません。けれども、失敗がもたらすのは負の側面ばかりではないと思います。致命的ではない失敗を経験することは自戒を促し、それ以前より慎重かつ冷静になるため、最終的には成功への近道を整える効果があるのではないでしょうか。

一度の失敗で委縮、後ずさりするようなことはやめ、〈失敗もまた勉強である〉との立場で再チャレンジした企業経営者の方々は、失敗ののち、より大きな成功を収めています。これは、私が弁護実務の中で経験し、見てきたことです。この多くの経営者の姿勢こそ、最初の選挙で当選を果たせなかった私に課せられた〈責務〉なのだと考えました。

つまり、主観的にベストを尽くしたと思う行為を重ねるだけでは、この成就は保証されないということです。

目的＝自分の価値観や信念・理念
目標＝目的を達成するために「何」を「いつまで」に実行するのか。
計画＝「最終的な目的」までの「段階設定」と「段階的な期限」

これを実践するための第一歩は、目標（たとえば、当選）から遡って、計画を立てることでした。その上で〈人を動かす〉のではなく、〈人が、自発的に動いてくださる場面〉を生み出すことこそが、大切になってくるのではないでしょうか。

その時に必要なのは、自分の心と相手の心を融合させることです。その過程に知能や論理、高い思考力といった要素は、直接には関係ありません。いくら頭脳が優れていても、それだけで相手の心に波動を起こして戴くことはできないのです——どのようにして、相手の心とつながるか。

当選という目標に達することができず、すべてが無に帰したと落胆したとき、私の心は開かれました。

まさに、自分の人生におけるミラクルキーとしての〈心友力〉、万能の定理を授けられたと感じたのです。多くの支援者の方々のご助力に応えられなかったことは〈ゼロへの転落〉を意味するのではなく、むしろ〈マイナスからのスタート〉であり、御恩を返す義務を負ったと気づいたのでした。

自分の立ち位置がゼロではなく、マイナスの地点に定められたことを理解した途端、私の目に映る自分以外の方々、すなわち相手の皆さまは〈プラス〉であり、私は皆さまに感謝しなければならない。

その気持ちを得て初めて、誰に対しても「……でしょうか?」、「……お伺いいたします」と、言葉の語尾は「お伺い調」にして、相手の自由意思で、ご意見を述べて戴けるようになりました。

主観的にベストを尽くしたと思う行為を重ねるだけでは、
ことの成就は保証されません。

〈人を動かす〉のではなく、
〈人が、自発的に動いてくださる〉
そんな連鎖を生み出すことこそが、
友と心を通わす醍醐味ではないでしょうか。

『頭がいい人が使う話し方のコツ：好かれる人、仕事ができる人はここが違う！』

神岡真司＆日本心理パワー研究所・編（日本文芸社）より

心理学では、初対面だけで相手に抱くイメージの70％が決まってしまうといわれているが、米国の心理学者アルバート・メラビアンという人は、さらに詳しく人間対人間の情報伝達時の印象度分析を研究して、〝メラビアンの法則〟というものを打ち立てている。／これによれば、影響力の度合いは、顔の表情や服装といった「見た目」の要素が55％、声の質や大きさ、トーンといった「耳に響く」要素が38％、そして最も重要度が高いと世間一般が信じている「話の内容」という要素は、たったの7％しかないと喝破しているのである。／五感のすべては、〝快〟につながるものにことさら弱く、美しいもの、香ばしいもの、甘いもの、心地よいメロディーなどに魅せられるのは、まさしく本能の為せる業という他ないものだ。／「話の内容」という要素が、意識（理性）を主に刺激するのに対して直接五感には関わりがないだけに、潜在意識への影響力が低くなるのも道理だと納得頂けよう。／話し方上手になって、より良いコミュニケーションがとれるようになるためには、むしろこれまでの考え方を180度改めて、「視覚的要素」と「聴覚的要素」の部分をこそ、磨くことが大切な肝になるというわけである。／相手を自然に受け入れてしまう信頼関係を、心理学では〝ラポール〟と呼んでいる。／これは「見た目」と「耳に響く」要素の二つが大きな影響力をもつ。

初対面で、70％も相手に対するイメージが決まるといわれても、それを過大視することは避けたいです。私自身は、相手がどのような人生観、価値観、欲求の持ち主であるかを〈初対面だけで決める〉のは、いささか早計と考えています。

〈メラビアンの法則〉が無意味だとは思いませんが、それだけを尊重してしまうと、結局は〈見た目〉や〈耳ざわりの良い言葉〉に重点を置くことになってしまい、もっとも大切な〈人の心〉や〈欲求の推察〉が困難になってしまうのではないかと懸念します。相手を自然に受け入れてしまう信頼関係、同書でいう〈ラポール〉を醸成する作業は、じつは〈心友力〉の構築と似ています。互いの心の理解、接近の努力をなし、限りない〈同心〉を目指して、相手の人間性まで汲みながら築き上げられる〈心友関係〉には、やはり〈言葉の力＝知覚的要素〉が重要なのです。」

かくも大事な「ご高見　拝聴」

そして、改めて臨んだ1980年の総選挙戦。私は初挑戦時より3万票以上も多い得票、中選挙区制度が始まって以来の群馬第一区での最高得票で当選させて戴くことができました。落選という涙の開票への道のりと、史上最高得票での当選の喜びへの足跡を振り返ってみますと〈人間とは、どのような生きものなのか〉という問いに対する明答が求められました。

人が〈ことを成す〉には、自分で自分を褒めるでは次元が違う。自分以外の多くの方々から〈自分を好きになってもらうこと〉、その積み重ねこそが力になるのではないでしょうか。そして私が考えるに、他人から好いてもらうための最もな近道は「お考えをお聞かせ願えるでしょうか」と率直に伝えられること。人をえり好みせず、誰にでも謹んでご高見を乞う姿勢です。

これを具体的に申し上げますと、〈最善のお願いの形式〉には、重要な意思決定への参与、共同意思連帯者へのお迎えの姿勢が明確に表れているのです。

【一般の形式】

「●●と決めましたので、ぜひ賛同、応援して戴きたくお願い申し上げます」

【最善のお願いの形式】

(●●と決めるべきか否かについて)

「お教え願えるでしょうか」

「ご教授(ご意見)を戴けますでしょうか」

最善のお願いの形式には以下の効果があります。

- **相手の承認欲求の充実／認められたと感じる。**
- **相手への優越感の贈与／プライドを満足させる。**
- **相手の奉仕欲求（ボランティア精神）の実現／弱者への贈与という欲求を満たす。**
- **参考意見を付与する妥当性の補完。**

このような気持ちを相手の方が抱けば、自発的に、当方への〈協力的言動〉が生まれるでしょう。このお願いの形式は波動作用を作り出す〈心友力〉に基づいているからです。

「……というアイディアは適切でしょうか。ご指導願います」、「A説とB説がありますが、どちらがベターかお教え願えるでしょうか」、「更に

C説もおありでしょうか、ご高見は、如何でしょうか」。いずれの言い方にも共通するのは、「お導き願います」を前提にしたお尋ね（知的指導と友情を乞う）です。一般に、人はなかなか「お導き願います」とは口にしがたく、言い切りにくいかもしれません。

それでも、とにかく一度右のような「……でしょうか」を発してみて戴ければ効果が実感されると思います。このフレーズを発することを習慣化し、話しかける態度が清純かつ率直であれば、相手に侮られるなどということはまったくありません。それどころか相手は勢い込んで、尋ねた話題を詳しく解説し、論じてくださるでしょう。

ことを成すには〈天の時／地の利／人の和〉の三要素の一つでも欠いてはなりません。私の経験で申し上げれば、この3眼目のうち、じつに**80％近くの重要性を占めるのは〈人の和〉であろうと思います。**

国会議員を十余年、61年以上弁護士として活動する中で、私は数十万人の方々と握手、面会、対話を繰り返してきました。その中で確信した事実は、やはり、独力で行う仕事は効率性が乏しいこと。効率が悪い上に、単独行はときに危険であり、しばしば解決不可能な壁にぶつかるということです。

〈人の和〉の原点と、他者への接近の研究は奥深く、91歳になる現在、思索研究に没頭する日々を送っています。

人が〈ことを成す〉には、
自分で自分を褒めるだけでは足りません。

自分以外の多くの方々から、
〈自分を好きになってもらうこと〉、
その積み重ねこそが力になるのではないでしょうか。

他人から好いてもらうためのベストな近道は、
「お知恵をお貸し願えるでしょうか」、
そう率直に伝えられること。

人をえり好みせず、
誰にでも謹んで知的友情を乞う姿勢です。

『人を動かす人の「質問力」』

ジョン・C・マクスウェル・著／岡本行夫・監訳（三笠書房）より

「心を開く」精神こそ、彼が世界各国で尊敬される理由だろう。／私も、「国際人になるため一番大事な資質は何か」といえば／「人に対する優しさ」だ。／

当時、外務省の一介の課長だった私を、／（補注：ある一部上場企業の名社長）が、「ちょっと話を聞きたいから」と会食に招いてくれたことがあった。／その日は豪雨で、私はずぶ濡れになって彼の待ち受ける料理屋に行った。彼にはもちろん社用車がついているから、全く濡れていない。

彼は私の姿を見ると驚いて、「岡本さん、大変だ。すぐ上着を脱ぎなさいよ、乾かしましょう」と言い、さらに「シャツもズボンも脱ぎましょう」

と促した。／私がためらっていると、彼はすぐに立ち上がり、「岡本さん、今日はズボンなしの宴会にしましょうや」と言って、さっさとズボンを脱いでしまったのだ。すぐに仲居さんがバスタオルを持ってきて、二人ともそれを腰に巻いて会食したのだが、終わる頃には乾いた服がプレスされていた。／

この名経営者の根底にも、非常に温かいヒューマニズムが根づいているわけで、こういう人をリーダーに持てる人たちは幸せだと思う。マクスウェルが言うリーダー像に符合する人だろう。

著者の説く〈心を開く精神〉や、監訳者が実感した〈人に対する優しさ〉、〈温かいヒューマニズム〉などのキーワードに根差した記述に、爽やかな希望を覚え、精進を誓いたくなります。とくに、ずぶ濡れの若い課長に「シャツもズボンも脱ぎましょう」と促し、ためらっている課長より先にズボンを脱いで、仲居さんから借りたバスタオルを腰に巻いた、一部上場企業の名社長の相手の立場に立って心身を処する〈気配り／心配り〉の速さ、深さには敬服以外にありません。

相手の欲求を適確に推察し、それを遥かに上回る〈相手の五感が喜ぶ行為〉を敢行するサービス精神は、心友力を磨こうとする者の養うべき基本を示唆された感があります。〈心を開く〉とは、自分の心のみでなく、接する人の心も開くことでしょう。〈開かれたお互いの心〉を認識し、理解し、通い合わせて〈合致点〉を増やし、人の欲求を充足する〈自発的協力〉を得るというコースを辿れば、その結果は、心友力の現れ方にきわめて近似してくるのではないでしょうか。

「信用」と「人の和」を築くコツ

弁護士であれ、国会議員であれ、どのような仕事であれ、社会人に「冠婚葬祭」はつきものです。

ある日、法律事務所の職員から、告別式への参列要請があったと伝えられました。隣町在住の故人は、小学生の頃の知り合いで、子供時代はスポーツ大会などで交流がありましたが、成人してからはご無沙汰していました。亡くなったことも、地元新聞のお悔やみ欄で知ったのです。故人の息子さんから事務所に電話が入ったのは、その直後。当事務所の職員によれば「熊川先生、父の告別式に参列してくれませんかネ。もし、お別れの言葉を述べて戴けるなら、非常に有り難いのですが……」と仰ったとのことでした。

私は弔辞をお引き受けし、誰もが讃えると思われる故人の人柄についての事実に基づいた弔辞を述べるため、私の事務所の職員に下調べを頼みました。故人の出生からお亡くなりになるまでの長い間における「家庭の内外のエピソード」、「職場でのエピソード」、「公的活動の記録」、「健康状況の推移」など、10項目程の簡単に書き込んでもらえる用紙を持って、隣町に出かけてもらったのです。それから、故人が長く暮らした場所の山河や自然の写真撮影もお願いしました。

それらの資料を参考にして、弔辞のポイントを構成します。

そして当日。読経を皮切りに始まった式はつつがなく閉会し、出口付近では、大勢の参列者が故人の思い出や式の感想を語り合っていました。「私たち近親者よりも、故人のエピソードにいろいろと触れてくださり有り難うございます。故人も喜んでいると思います」、「やっぱり、弁護士さんの弔辞には聞きほれてしまうなあ」といった声が耳に入り、安堵したのでした。〈真実は人の涙を誘う〉のです。

この時、とくに印象深かったのは、私が弔辞で使った「和顔愛語」（和やかな表情と思いやりのある言葉で人に接する）という言葉を「和尚さんが色紙に書いてくれることになりました」と、喪主から伺ったことでした。この言葉には、私が理想とするある種の〈人品〉が込められています。

陽気な性格で心根が善意に満ちていれば、誰に対しても親しみを表現できます。

そのため、

周囲の者は、これといって格別な親切を受けた覚えもないのに、

なぜか好感を寄せてしまう。

ゆえに、その人が小さなミスをしても、咎める気になりません。

〈可愛気〉は〈憎めない人柄〉に直結します。その側面を充実させるためには、他人に対して優しい姿勢で臨み、素早く他人の長所を見つける鋭敏な感覚を磨くことが欠かせないでしょう。

人は、自分で〈自分の取柄〉だと思っている点を、他人に褒められると気分が高揚します。可愛気には、天性の有無もあるとは思いますが、〈心働き〉の努力を積み重ねることで身につく部分も少なくないはずです。陰日向なく、まじめに一直線に進んで〈律儀に徹する〉ことで補完は万全でしょう。

私が人生を歩む上で大切にしてきたのは〈信用〉です。今でもとても十分ではありませんが、揺るぎない信用の土台が〈律儀に徹すること〉であるのは疑い得ません。それは、冠婚葬祭の場面においても同様です。とはいえ、祭りは参加するでも、見送るでも、その判断が極端に評価を落とすことにはつながりません。婚礼についても、参加に差しさわりがあるときは、前もってお祝いを届ければ、信用の致命傷は避けられます。やはり、最も律儀に気を配るべきは、葬儀です。

祭りや婚礼は、かなりの時間的余裕がある段階で通知されますが、葬儀は突然のケースが多いので、万障繰り合わせる〈調整能力〉と短い時間で言葉を練り上げる〈集中力〉が問われます。いずれにしても、催事で招待を受けたときは、自分の気持ちではなく、招待者の欲求の熟知に努め、ご参列者の方々を「あらゆる角度から観察、自分に点数をつける試験官」だと意識して、言動の準備を整えることが、結果として、招待者への個性的プレゼントになるのだと考えます。

〈可愛気〉は〈憎めない人柄〉に直結します。

その側面を充実させるためには、
他人に対して優しい姿勢で臨み、
素早く他人の長所を見つける、
鋭敏な感覚を磨くことが欠かせないでしょう。

人は、自分で〈自分の取柄〉だと思っている点を、
他人に指摘されると、
自然に、気分が高揚するものです。

超興奮の国会初登院

「場内は予想外に広く、高いですねえ」

自分の言葉を振り返ると、今でも赤面してしまいます。「よし、やるぞ！」の意気込みと「能力の限りを尽くして頑張らないと、投票してくださった皆さまに申し訳ない」という使命感のような情念が混ざり合った気持ちで、私は衆議院に初登院したのでした。

総選挙の投票日は、1979年10月7日、自民党の公認候補者は310名に上りましたが、激しい選挙戦を乗り越えて、国会まで辿り着いたのは248名にとどまりました。党内の非主流派と自民党総裁の大平正芳さんの間には埋めがたい溝が生じており、党と内閣（政権）の関係でいえば、総選挙前の夏休み以来、臨時国会、解散、総選挙と重要な出来事が続いたにもかかわらず、その間、内閣（政権）と自民党（与党）の間で、打ち合わせの会議が一度も開かれていなかったのでした。

そんな状況の中で、国会に初登院した私は入り口で名刺を出し、次に登院ボタンを押し、いよいよ職員の方に議員バッジをつけてもらいました。その直後、本会議場の入り口で、一人の新聞記者に声を掛けられました。「ここに入ってみて、どうですか？」。つい口から飛び出してしまった言葉が、冒頭のセリフです。

言ってしまった直後、ことの重大さに気がつき、一瞬天を仰ぎました。新人の国会議員としての抱負を問われていたはずなのに、建物に対する物理的感想など述べてしまい、なんと愚かな発言――。我に返って言い直そうとしたものの、記者はすでに目の前から消えていました。

その後の日々は、私の想像をはるかに超えるものでした。とくに衝撃を受け、人間の〈承認欲求〉に思いをめぐらすきっかけになったのは、総選挙の結果を受けて始まった「40日抗争」でした。党内主流派（大平派等）と非主流派（三木派、福田派、中曽根派）の争いは激化するばかりで、11月上旬の首班指名決選投票で、大平138票、福田121票となり、同年11月16日になってようやく、櫻内義雄幹事長、鈴木善幸総務会長、安倍晋太郎政調会長が決定されました。これまで私が生きてきた〈法の世界の常識〉をコテンパンに打ち破る権力闘争の凄まじさに、人間とはどのような生きものなのか、と疑問を新たにしたのでした。

同じ自民党内で、首班を誰にするか決められない。民衆からお預かりした税金を、党内の駆け引きのために使っていいのか。こんなことに時間とお金を費やすなら、司法の常識を反映させて、明快なルール／透明度の高い選出規定を定めて、迅速に決定すべきではないか。

それは違う。将来におけるあらゆる事態を想定すれば、その対応を、司法のように厳格に規則化することこそ、政治の硬直化を生む。その時、その場に応じて柔軟に話し合って決することの方が具体的妥当性に適うのだ。

政治と司法……2つの世界の狭間で、私は煩悶しました。そして、自分の役割を「政治と司法の長所を互いに反映させ、活力を与えること」に決めたのでした。

議会では、国も地方も各種の委員会に重点を置いて進行、運営されます。つまり、どの委員会に属するのかで、これから先の議員活動の柱が変わってくるということです。そこで、初出馬のきっかけになった故・衆議院副議長の秘書さんであった方にアドバイスを求めたところ、「本物の政治家を目指すなら、大蔵委員会に入るべきだろう」と示唆を受けました。次に、気安く話せる仲になっていた渡辺美智雄代議士に尋ねましたが、渡辺代議士も同じ意見だったので、大蔵常任委員会に属するための希望届を出したのでした。

しかし、いざ議員活動が始まると大変です。他の委員会は、その委員会のカテゴリーに密接な関係をもつ特定省庁の議案のみを審議するのですが、大蔵委員会の守備範囲は、国の予算に関わるすべての議案です。他の委員会で審議済みのものにも例外はありません。

他の委員会の審議ペースは毎週1回程度ですが、大蔵委員会は毎週火曜から金曜まで、ほとんど毎日開かれました。その間、併行して、早朝から党の部会ごとに、各省庁の担当者や党役員らとの課題説明、勉強会に出席する日々。私のように「地盤、看板、カバン」をもたない政治家は、地元後援会の充実が最優先だという考え方が一般的でしたが、私は週末と日曜、月曜のみで対応しました。そのおかげで、国政全般に対する知識が広がりと深みを増していったのでした。

筋の通らぬ世論には決然と

　1980年。総選挙で私は、初当選時より、さらに1万5000票も得票が増え、ふたたび国会に送って戴きました。選挙区史上初の最高得票だった前回の記録を更新したためか、党から〈国会対策副委員長〉に選任されました。

　国会対策委員会とは、衆議院の本会議にいつ、どのような法案や議案を上程して、いかなる手続きで審議と採決をなすか等、本会議の進行全般を、与野党の責任者が集まって協議する委員会です。

　ちょうど、元総理の田中角栄さんを被告とした刑事事件の裁判が行われていたので、裁判が進むにつれて、田中元総理に対する国民の目が厳しく変化していくのを実感しました。この流れは当然、国会対策委員会にも波及し、某党の責任者から「本会議に、田中元総理に対する議員辞職勧告の決議案を提出するのが妥当ではないか」と発言がなされたのです。

そこから長時間にわたって協議が行われましたが、皆、世上の空気に押されてか、ほとんどの委員が「議員辞職勧告の決議案提出」に同意したとき、私は弁護士として、また、政治家として意見すべきことがあり、決意の上、挙手したのでした。

「国会議員は、国会議員としての地位や資格を〈誰〉から与えられるのでしょうか。それは、選挙区民の意思ではありませんか。人の法的地位には『発生要件／存続要件／消滅要件』が存在すると思われます。つけ加えるなら、その3要件を同一人が有するというのが、一般原則・法意であります」

ここまで一気呵成に述べましたが、委員の中には困惑の色を浮かべた方も見受けられましたので、今度は専門的ではない表現を試みました。

「私が申し上げたいのは、国会議員の地位・身分関係は、会社の雇用関係と変わらないということです。会社であれば、雇い主は被雇用者と契約し、被雇用者を解雇できるのは雇い主だけです。この関係を国会議員に当てはめれば、国会議員としての地位を与えたのは選挙区民です。田中角栄議員に議員の地位を授けたのは、選挙区民ということになります」

話していると、幾人かの委員の表情から戸惑いが消え、「うん、うん」と相槌を打つ方の姿が目に入ります。

「そうであるなら、選挙区民に与えられた国会議員の資格を消滅させ得るのは、やはり、選挙区民ということになるのではありませんか。ですから、その議案（議員辞職勧告の決議案）を、国会に提出することは不適法であると、私は考えます。いったいそのような議案を審議する権限が国会にあるのでしょうか」

ここで、国会対策委員長が「法律家である熊川委員から疑義が出されたので、内閣法制局と協議および調査をさせて戴きたいと思います」と仰り、その日の議論は終わりました。そして翌日の国会対策委員会の冒頭、「内閣法制局・長官に、昨日の熊川委員の発言についてお伺いしたところ、『熊川委員と同意見である』とお話を戴きましたので、田中角栄議員に対する議員辞職勧告の議案は提出しないこととさせて戴きます。ご異議はございませんか？」と発言され、その結果は「異議なし」で、この件は上程されないことに決まったのでした。

議員活動の中で印象深かった一人が、ハマコーのニックネームで知られた浜田幸一議員です。自民党本部で毎朝行われる各部会の勉強会や議案検討会などに誰よりも早く到着、それぞれの部会が開かれる部屋をめぐって、あらかじめ机の上に置かれた資料を洩れなく集めて、いざ部会となれば、役人（官僚）であれ、議員であれ、発言に少しでも誠実性を欠いた言動があれば、遠慮会釈なく批判し、忠告する浜田議員のスタイル兼世渡り術には、いろいろな角度から示唆を受けました。

その後、国会・本会議場で、幾人もの総理大臣の演説を聞き重ねているうち、私には少し気になる点が見えてきたのでした。ある総理大臣の演説は〝朗読〟といいますか、読み上げるだけにとどまる形で残念でした。その総理大臣は、細かい文字がびっしり詰め込まれた小さなメモ用紙をいつも携帯し、それをほとんど棒読みしていたのです。

代議士になるまで、私にとって総理大臣は雲の上の存在、自分とはかけ離れた大人物に違いないと信じ込んでいましたが、その情景を見たとき――こんな姿を人に見せるようなら――ひょっとすると、私だって総理大臣の職務を遂行できるかもしれない……その反面、熊川程度の者に自分でもできると思わせてしまうような状況は、わが国の理想に達していないのではないだろうか?という懸念も湧いたのでした。

国際情勢を左右するリーダー的な地位にある各国の大統領や首相が魅力的なのは、やはり、その発言態様と内容が魅力的だからでしょう。メモを朗読するのではなく、自己の信念と情熱を〈生きた言葉〉で表現するからこそ、数多の国民を説得できるのだと思います。

法律家として申し上げるならば、じつは、衆議院の規則(第133条)で〝朗読〟は禁止されています。私はいま、政治の最前線に身を置いていませんが、現在および将来の代議士の皆さまには、使命感の炸裂する〈生きた言葉〉を発して戴きたいと願っています。

『「ほめ言葉」が上手い人　下手な人　人をほめるといいことが起こる』

和田秀樹（新講社）より

ほめることで社員や店員にいままで以上の「やる気」が起こり、結果として会社なりお店なりの業績が目に見えて向上していくのです。
人はほめられれば自己愛が満たされますから、主体的に行動するようになり、周りへの適応力を高めていきます。その結果がすべてに対してプラスに働くのです。／わたしが学んだハインツ・コフートという学者が唱えた「自己心理学」という精神分析では、人間は自己愛を満たされたい存在（つまり人より優れているとか、特別だと思いたい存在）だと考えます。そして自己愛を満たすには、自己満足よりも、人にほめてもらったり、認めてもらったりしたときのほうが効果的だと考えます。／
この本は、店や会社という集団や組織の業績を上げたいと思ったとき、そして幸せを求め、対人関係をよいものにしたいと思ったとき、「ほめる」ことが、とても大きな成果を生み出していく事実にもとづき、どうしたら上手に、気持ちよく「ほめる」ことができるのかを追求したものです。

会社の業績向上のために、社員の〈やる気〉を呼び起こすことが大事だというのは、分かります。しかし、そのために〈ほめること〉が効果的であるという言い方には、人を〈生きた道具〉のように考えている側面が垣間見え、私には納得しにくい部分があります。というのも、著者は〈人にほめてもらったり、認めてもらったりしたときの方が効果的だ〉と述べていますが、私の認識では〈認める＝客観的事実を伝える行為〉、〈ほめる＝ほめる側の考えを述べ、それに賛辞を加える行為〉で、両者は峻別されるべき別々の行為だからです。

またアルフレッド・アドラーには、〈叱られたり、ほめられたりして育った人は、叱られたり、ほめられたりしないと行動しなくなる。そして評価してくれない相手を敵だと思うようになるのだ〉（『アルフレッド・アドラー　人生に革命が起きる一〇〇の言葉』小倉広、ダイヤモンド社）という箴言もあります。

ほめるときには、ほめる。認めるべきときには、認める。これらは〈他人を動かそうとする、道具としての行為〉ではなく、人の成長を促し、心友として交わるには、客観的事実を認識し、理解し合うことが絶対条件ではないでしょうか。

サミット随行のサプライズ

「熊川君、来月の先進国首脳会議《サミット》に、総理の随行として参加してもらいたいんだがネ」

初当選から3年程の歳月が過ぎた1983年、突然、藤波孝生官房長官から話が降ってきたときには仰天しました。先進国のリーダーたちの話し合いや懇談の席に、まだ駆け出しの国会議員が同席することなど、いっさい先例がなかったのです。

ワシントンナショナル空港からホワイトハウスまでは、現地警察のバイクや車に護衛されながら、すべての信号を青色に変えるノンストップ走行で移動させて戴きました。驚きは、まだまだ続きます。

宿泊先のホテルには一般のお客さんの姿は見当たらず、各階にはたくさんの警備担当者、複数の警察犬も配置されていました。米国政府にとって〈治安〉が〈国際的威信〉と直結している現実と情熱を垣間見たような気がします。そのスタンスは、首脳会議の会場に近づくにつれ、よりいっそう強化されていました。

私が乗り込んだ車は、会場から約3キロも手前で停車させられ、タイヤから車体の底まで、いくつもの機器を駆使して検査されました。それも私のような随行員の車両であるなら当然でしょうが、目の前を走っていた中曽根康弘総理大臣の車両にも、まったく同じ調べを行っているではありませんか。

米国は、わが国の元首の車まで疑うのか！　一瞬、不信と疑念めいた感情が頭をかすめましたが、待てヨ。むしろ日本の総理大臣の車両だからこそ、不測の事態を避けるために、より慎重を期して安全を確認しているのかもしれない。私は心中ひそかに、反省したのでした。結局、そのような検査は、本会場までにその後2回、繰り返されました。

懇談会の当日――。食事もとることになる会場には、豪華な丸型のテーブルが設置されており、私に当てられた座席は、数メートル先に米国大統領のロナルド・レーガンのテーブル、マーガレット・サッチャーのテーブル……しかし、私は総理大臣ではなく随行員です。返す返すも残念ですが、その信じられない空間の中で、食事をとることを中心にしてしまいました。

それでも、会場を出た後の、軽い飲み物のグラスを片手に語り合えるような部屋では、各国首脳と対話することができました。部屋の中央の丸テーブルにはバラエティに富んだ飲み物がズラリとあり、水割りにしたコニャックのグラスを片手に、思っていることを各国のトップとお話しできる機会に恵まれたのです。

イタリアのファンファーニ首相と、当時のEU委員長とを除いた、参加国の首脳と対話を終えた頃、中曽根総理から「熊川君、もういいんじゃないか」と席を外すよう促されたので退室しました。常識では考えられない〈異例のサミット随行〉を声掛け戴いた理由は、いまだに分かりませんが、大学院で公法学を専攻した経歴に一因があるとすれば、私には法律実務家の行政機関における新たな役割を創造、提案する責任があったと考えられます。

それにしても、衆参両院の議長さんや閣僚さんでも簡単には経験できないような貴重な日々でした。先進国のトップマンと通じ合える稀な機会を得たのですから、それを契機にプライベートであれ、準公的関係であれ、議員連盟の設立であれ、なにかしらの親交を重ねられるまでもっていければ……サミット随行をさらなる大舞台へとつなげられなかったことへの自責の念は尽きません。

新たな舞台へ

サミットの後、私はなおも信任を戴き、国会議員を4期にわたって務めることができました。それでも、まだまだ私には〈成すべきこと／成さねばならないこと〉が山積しておりましたので、1990年、5期目を目指した総選挙に臨みましたが、僅差で当選に届かず、次点となりました。

長年維持されていた「中選挙区制度」（1つの選挙区から3～5名の複数当選者を選ぶ）から、各選挙区での当選者を1名とする「小選挙区制度」への大改革の波が起こったのは、その直後です。私は国会議員として、その改変に関与し得る議席を有していなかったことをいまだに恥じ、きわめて残念に思っています。そもそも、完全無欠の「選挙制度」

など存在しませんが、それでも現在まで続く「小選挙区制度」の導入は検討不十分であり、拙速だったと考えます。

先に申し上げましたように、私は学生当時から、私法よりも公法に関心をもち、〈期待される政治家の資質とは何か〉というテーマに興味を惹かれていました。代議士として、国会に送って戴いていた当時、社会党の議員が、自民党内のリベラル派議員と政策面で組めるような現実的政策路線を採用していたなら、現在は、二大政党制的な国会になっていたのではないかと夢想するときもあります。しかし現実の社会党は、ただただ、与党を批判することばかりに腐心し、話し合いの余地などありませんでした。小選挙区制度の欠陥は、まさにこれに似ています。

中選挙区制度の場合、同一選挙区内で複数の当選者が出るため、複数の自民党の立候補者同士も争います。ですから、私の場合は選挙で、社会党や共産党と戦ったという意識はあまりありませんでした。

ライバルは野党の候補だけでなく、自民党の自分以外の候補でもあったのです。自民党の先輩議員とも、新人候補者とも戦いました。自ら掲げる政策の研修、党本部での勉強会、陳情処理の数と質の凌ぎ合い、地元の支持者の欲求把握など、代議士としての切磋琢磨の良き競争は野党というより、自民党内の先輩後輩でした。つまり、総選挙は〈政党の戦い〉というより〈人と人との戦い〉だったのです。

ところが小選挙区制度のもとでは、党の代表者や少数の党幹部が事前に候補者1人を公認してしまうため、結果的に〈党と党との戦い〉の側面が強くなり、各候補者の〈人間性を問うチャンス〉が激減してしまうのです。

そのため、政治家を目指す者の間で「選挙民の意向」よりも「党幹部の意向」を忖度する傾向が顕著になります。これでは憲法が規定する「両議院は、全国民を代表する選挙された議員でこれを組織する」（第43条）の法意を脱する恐れさえ感じます。各議員が党幹部の意向を忖度することばかり考え、党が現職優先公認の姿勢をとれば、一度の公認が麻薬となり、当選後は自分を磨く意欲も、政治家としての理念貫徹の使命感も鈍ってしまうのではないでしょうか。

当時の自民党幹部が中心になって導入した小選挙区制度の弊害解消を図りたく、私は自民党以外の党からの立候補を迫られ、ふたたび総選挙に臨みましたが、〈党と党との戦い〉であるので、自民党議員としての熊川次男を育ててくださった支援者の大半を占める自民党系の方々を相手にした選挙戦だったため、いま一歩、当選には及びませんでした。

それでも現在に至るまで、私は小選挙区制度を支持しておりません。

時折、報じられるこの制度下で当選した議員による不祥事を恥ずかしく思っています。選挙制度だけでなく、いわゆる政党助成金という制度も不祥事を生む遠因になっているでしょう。助成金目当てに政党を作り、国民の血税を懐に入れる算段ばかりしている。悪知恵に呆れるというより、嫌らしさと悲しさに胸が押しつぶされるばかりです。

それでも、私は信じています。

政治家にとって、最も肝要なのは〈志をもつこと〉だと。

心友力＝相手を理解することから

まず、表紙を開いて、ここまでご覧くださった読者の皆さまにお礼申し上げます。本書のテーマはあまり耳慣れない言葉〈心友力〉です。

人を動かす力、人を動かす心理マジック、人を動かす技術、人を動かす人になれ、人は金で9割動く、人をどう動かすか、人を動かす対話術……等、〈人を動かす〉を冠したタイトルの書物は枚挙にいとまがない昨今です。

人をあたかも〈道具〉かそれに似通った意思をもたない〈物〉として取り扱うような感覚や能率至上主義のもとに、人を動かすテクニックを説かれている状況には若干の懸念を抱きます。

反面、私は人間を〈物〉ではなく、〈承認欲求旺盛な生きもの〉と考えます。

さらに国の基本法である憲法は、すべての国民に自由と幸福追求の権利と職業選択の自由（13条、22条）を保障しています。思想及び良心の自由（19条）こそ、自由権の中の最も〈中核的自由〉でしょう。

したがって、本人が自分の意思によって、①自分の行動を考え（企画し）、②その考えを実行し、③その実行の結果、報酬を取得し、責任を負うことになるのが望ましいでしょう。

このような人間関係や、社会状況を築くことに各自が互いに気を配り合うことが、人間の本性や法制度の原理などに合致いたします。その象徴的な凝縮概念として創成されたものが〈心友力〉であると、理解して戴けることを期待しております。

〈心友力〉の構想に辿り着くまでの道程はすでにご覧戴いたので、末尾に、何度でも読み返せるよう凝縮したエッセンスを詰め込み、長い来歴の〈まとめ〉とさせて戴きたいと存じます。

◉

心友力とは、相手の心を深く理解し、厚い信頼のもとに相手の欲求を優しく推察して、それを満たすため、自発的に支援活動を行う能力です。

その要点は、相手の心の理解に気を配り、相手の心とうまくつながり、徹底的にその一致・融合を目指し、相手の欲求を推察した上で、互いにそれを満たす支援をすることにあるでしょう。

したがって、いくら頭が鋭くてもそれだけでは相手の心に溶け込めないので、知識や論理的な思考能力は、直接には関係ありません。

相手から厚い信頼を得るためには、自分がどのような人間であるか、自分の仕事をはじめ、自分自身についての認識を明らかに示すことから始める必要があります。この自己認識能力は、すべての人に必要です。

しっかりと自己認識力を活用した上で、相手への働きかけに際しては、「他人には優しく、自分には謙虚で厳しく」の相手優先の姿勢で接すること。

次に、これと並び重要なことは、

相手がどのような人柄であるか。自分と話して、どう感じているのか。何をしてほしいのか。適切にその欲求を推察する共感性と、その欲求を満たすために素直に積極的支援の言動をとってあげようという相手重心の志向性です。

この2つのレールに乗って進むことによって、ようやく他人の心と響き合うことができるのだと思います。心友力を獲得・発揮する基盤は、次の4項目に集約できるかもしれません。

①　自分の心は、全方位に感性を開き、心の鏡に外界のすべてが映り得るように、障害は皆無にする。

②　心の鏡に映ったものに、素早く適切に反応できるように、いつも心に余裕をもって行動する。

③　気を配りながら、相手をよく観察し、その欲求をかなえようと考える。

④　相手（他人）を動かそうとはせずに、相手が自発的に動き出すように、相手の感情を尊重し、相手を承認してあげる。

しかしながら、この4つの基盤を効果的に活用するためには、これらの各々に対応した、その前提・下敷となる〈心の準備〉が完了していることが不可決です。

「相手」と「自分」はまったくの別人格であることにつき、徹底的に理解・納得している。「相手も自分と同じように思っているだろう」などという安易な推測はいっさい禁物である点には、とくに留意が必要です。

相手との「心の通じ合い、融け合い」が成り立っていること。双方の心

の通じ合いのないところには、心の作用は発生しません。この通じ合いさえあれば、打てばストレートに相手の心に響きます。

心底から相手の欲求を満たすよう支援しようと思うこと。真に相手の欲求を充足させてやりたいという心根さえあれば、それは相手のハートに届くし、相手もその思いやりを必ず汲み上げるものです。「信じ合うこと」と「説得すること」は別物と考えましょう。

相手を「動かそう」などとモノ扱いしないで、相手の自由意思で、自発的に動き出してもらえる程度まで、相手を個人として認めること。

〈動かす〉ということは、人間が物に対して取り得る行動であって、法の下に平等な、人間同士の間では望ましいものではなく、やや傲慢であり、低俗と考えられます。相手を〈操作〉ではなく、相手が自発的にこちらの欲求実現に動いてくれることこそが理想です。

それでも、あえて「説得」という用語を使いたい場合は〈上質な説得〉を考えましょう。

「説得」という言葉には、好ましくないイメージを抱く者が少なくないのは、その言葉自体から、論理的な力によって「人をコントロールする」、という印象をもたれやすいからでしょう。そのような印象をもたれないためには、頭での理解に加え、〈心まで届く配慮〉が求められます。

立場を利用した威圧的ムードや、強要的雰囲気のもとでのものは、説得とはいえないことは当然であり、一見納得したように見えても、内心で

「反抗」という場合もあります。

正しいことであると納得が得られた上で、心の通じ合いの域に達すれば、「自分にとって良いことが、同時に、相手にとっても良いことであると理解され」相手の意欲を向上させることに発展し、その人はあなたから具体的な依頼をされる以前に、あなたが望んでいることに、自発的に行動するようになります。

少し前のページで記した国会対策委員会におけるエピソードも絡め、〈心友力的信じ合い〉、心を動かす2つのポイントも整理しておきましょう。

第一のポイントは〈目標の明示〉です。関係者を〝説得〟するには、「その行為によって、何をしたいのか」という、目標を明確にしておくことが重要になります。目標の対象は、2つ。

作　為：　積極的、能動的に行動を起こすこと。

不作為：　特定の行動をしないこと。

これをエピソードに当てはめてみますと、前述の衆議院国会対策委員会における私の目標は、議員辞職の決議案を提出させないことでした。

目標とは、期限付きの夢（理想状況の形成）です。

目標地点も意識せずに入場券で駅のホームに入り、たまたま到着した列車に乗り込む人はいないでしょう。

第二のポイントは、相手の欲求に配慮すること。自分の立場ではなく、相手の立場に成り代わってみることが〈心友力的説得〉の基本スタンスです。

国会対策委員会において、私の立場は〈新人議員〉でした。もちろん、読者の皆さまはご存知の通り、私は、日弁連会長代理も務めました。もし、この場で、私が弁護士としての立場を強く打ち出していたならば、結果はどうなっていたでしょうか。

「私は、日弁連の会長を代理して、日弁連としての意見を述べ得る役員を務めたこともある立場から見れば、この決議案はトンデモナイですよ！」

こんな言葉を口にしていたなら、おそらく委員長が内閣法制局に問い合わせることもなく、誰の協力も得られなかったであろうことは容易に推測できます。

大切なのは、相手の視点を把握すること。

法廷を例にして、その具体的な指標を示してみましょう。

・夫婦間の衝突

妻「食事の準備に時間がかかるのは、家族を思って丁寧に作業しているから……」

夫「彼女の食事の準備の仕方は要領が悪い。だから時間がかかる……」

・製品の納入期限をめぐる衝突

申立人「期限までに納入できないのは、異例の事態が起きて多忙を極めて……」

相手方「期限までに納入されないのは、相手が怠けているから……」

・組合活動における衝突

組合長「指示してもいないことを勝手にやるなんて、君はでしゃばりだ……」

組合員「私は組合活動に積極的、前向きだから、言われる前にやったんだ……」

・アパートをめぐる衝突

貸家主「周囲から、お宅の苦情ばかり寄せられるのは、迷惑をかけているから……」

借家人「文句ばかり言ってくるのは、皆が私の個性に嫉妬しているから……」

・社内の人事評価をめぐる衝突

雇用主「上司の評価が高いのは、彼が誠実に仕事に取り組んでいるから……」

被雇用者「上司の評価が高いのは、彼が上司におべっかを使っているから……」

弁護士は衝突する〈2つの視点〉のうち、どちらか一方の代理人を務めます。これは〈弁護士の視点＝依頼者の視点〉になるという意味ではありません。真実を追求するためには、各々の証人の立場を理解し、命令口調を使うことなく、威圧せず、優しく導くような表情と態度で、証人の気持ちをほぐすのです。

この方法は、あらゆる議論の場で有効です。国会対策委員会で発言する際、私は最初にこう言いました。

「国会が、まさに国権の最高機関であるために必要な『憲法41条』の権威を保つために、一度発言させて戴けないでしょうか」

この発言で示されているのは「国会の権威をめぐる問題をはらんでいる」という事実だけで、「(人によって異なる) 私の評価」は示されていません。それゆえに、大先輩委員の方々は、話を受け取ってくれたのだと思います。

まずは損して、得とる覚悟。

心を通じ合わせたい相手が〈海千山千の猛者〉のとき、最初に弾くソロバンは〈手に負えない場合のリスク〉だと考えましょう。この勘定がないと、最終的に、望む成果が一つも得られない事態に終わってしまう可能性があります。

親子、夫婦、友人など、人間関係に由来するトラブルの解決を目指し、相手の気持ちを変化させようと企てると、たいていは〈なんらかの反論〉が発生します。

怖気づく気持ちや雰囲気は、相手に必ず見破られてしまう。

あなたの〝不安〟が、あなたの成功を邪魔するのです。

では〝不安〟を打ち破り、確固たる自信と安心の境地に達するには？

自分の目標は正しく、最善であると確信し、
そのエッセンスが伝われば、
必ず〈同志の協力を得て達成できる〉と信じること。

この覚悟ができれば、リスクを負って実行に臨むのは難しいことではなく、恐れることもなくなります。皆にすべてを話した上で、自分の立場も明確に示し、賛同を願いつつ訴える者は、人々に敬意を呼び起こします。当初は反感を抱いていた方々にさえ「多少でも力になろうか」という気分が湧いてくると信じて戴けるのではないでしょうか。

協力を得るには、相手を招き入れることが不可欠。招き入れるとは、相手の自発的介入を促すこと。

私は国会議員として十余年にわたって活動し、弁護士としては57年余の実務を経て、現在も県内のみならず、県外も広く国内をまわり、法律顧問、政治的側面の顧問、その他の（顧問）として、幾多の組織（企業、組合、地方公共団体等）のトップや、幹部のお仕事のご支援に精進中であります。顧問先を訪れる機会も多いのですが、組織のメンバーに面会しても、私自身のアイディアを先に述べることは、できるだけ控えます。そして、〈あるアイディア〉を提案してくれる人に会うまで、次から次へと組織のメンバーへの質問を続けます。さて、私は〈誰〉を探しているのでしょうか。

「素晴らしい考えだと思います。ぜひ、やってみましょう」

私が、右のセリフを口にする相手は、
私と同じアイディアを発想した相手なのです。

そして、アイディアの実行は、ほとんど提案者に任せてきました。

他人のアイディアを実行するとき、人は50％の実力・努力・協力しかしません。しかし、自分自身のアイディアを実行するためには、１００％の実力・努力・協力を惜しまず、精魂を尽くすのです。

これは昔から言い伝えられた通例であり、私自身の経験とも合致します。
では、どのようにすれば、各種のアイディアを〈その人のアイディア〉

に落とし込むことができるでしょうか。ある考えを、あたかも「自分の考えである」かのように思い込ませる方法――それは簡単です。

そのアイディアの一端を、あくまでさりげなく提示しましょう。そうすれば、多くの相手は〈自分で思いついた〉と感じます。

具体的には、次のような質問を繰り出します。

「コレをどうしたらよいか、あなたの意見を聞かせて戴けるでしょうか」
「その考えを実現するためには、何を使うべきでしょうか」
「ある役員はこう言っていたのですが、あなたの感想は如何でしょうか」

このような質問を投げかけ、相手がほんの少しでもアイディアめいた言葉を出したら、もう十分です。良い意味で、その言葉尻を捉え、「なるほど！　それは良い考えではないでしょうか。あなたの提案通りにしましょう」と言いましょう。

たったこれだけで、１００％の心身の協力・努力が得られ、〈相手を介入させる〉ことが可能になるのです。

心友力的リーダーへの道

私の目に映る社会の大多数の人々は邪悪を憎み、正しいことをしたいと考えているように思われます。いわば〈良識的な人々〉ですが、判断と行動が直接には結びついていないため、個人の判断として〈正しい〉と思っても、即座に行動に移るわけではないようです。

そのような人々に「これが正しい」と示し、納得して戴けるのが、〈心友力型リーダー〉に期待される能力要件でしょう。そのための近道、私が構築した〈行動哲学〉のエッセンスをお伝えし、本書の締めくくりとさせて戴きます。

権威型トップは、権威をちらつかせずにはいられない。
心友力型リーダーは、志を訴える。

権威型トップは、失敗を責める。
心友力型リーダーは、失敗を克服させる。
権威型トップは、ノウハウを隠す。
心友力型リーダーは、ノウハウを伝える。
権威型トップは「やれ」と命ずる。
心友力型リーダーは「やろう」と鼓舞する。
権威型トップは、人を急ぎ立てる。
心友力型リーダーは、人を導く。

権威型トップは「私」としか言わない。

心友力型リーダーは「われわれ」と言う。

さあ、われわれ一同、心友力型リーダーへの精進に努めようではありませんか。

あとがき

高校2年生の折、生まれて初めて聞いた「法科万能」という言葉に、興味を惹かれた印象は、今も鮮やかであります。

どうして法律を学べば、特定の職場に限らず、働き易いのだろうか？　あらゆる職場で歓迎されるのだろうか？　などと考え込み、法律への関心が強くなってきました。

人間は息をひきとるまで生涯をかけて、私を認めてくれ、私を認めてくれと、声なき声で叫びつづける可憐な生き物である、との実感に留意しながら、人の心を座標軸に弁護士活動や議員活動をなしてきました。

これらの活動を通して、私なりの「人交わりの力」の概念を練り上げ、編み上げることに、いささか情熱を注ぎました。

私の概念の根幹になったのは、人の「心」と「友」でありました。「心を基盤とした朋友観、人間観、世界観の確立」といえるでしょうか。心の技法を私の心で試し、普遍的な理論へと結実させてゆく作業は、独りで興奮したり、自己満足に耽ける経験の積み重ねでした。

この本で、そうした体験を得たことを、やや一般的な形で著すことができて嬉しく思います。

「自分の心を深掘りすること」が、他の者とのつながりを進化・濃密にすることになると考えましたし、他人とともに行動することは、心のクセの混じり合い、化学反応ということになり、爆発を避け、融合に誘みちびくことが賢明とされます。

心やクセという観点から、人との関係を見直してみると新たな認識が得られ、それに伴い寛容な気持ちが増せば、ストレスが減少するだけでなく、心友も急増するのではないでしょうか。

このような観点をもつことで、生きる楽しみが増すのみならず、成長、成功、リーダーへの途も拓けるでしょう。

この本を読んで戴くことで、いろいろな「気づき」が多発して、心友力が強化され、広い意味で幸福感の波動に包まれることを期待いたします。じつのところ、心友は外にばかりいるのではありません。本書執筆にあたり、折に触れて大きな気づきをもらったのは、私の最も身近な心友たち、同じ弁護士の道を邁進する長男の俊充をはじめ、熊川総合法律事務所の各弁護士、パラリーガルの皆さんからでした。毎日顔を合わせるので、開けっぴろげに口にするのは少し気恥ずかしいですが、心から感謝しています。

この本が形になるにあたっては幻冬舎ルネッサンス新社編集部の方々から大きな御助言を戴き、充実度を増すことができました。

本当にありがとうございました。

二〇二二年一月

熊川次男

この作品は二〇一八年に小社から発刊された
ものに加筆修正を加え再刊行するものです

〈著者紹介〉

熊川次男（くまかわ つぎお）

1930年、群馬県生まれ。

58年司法試験合格。59年早稲田大学大学院法学研究科公法学専攻修了。

73年群馬弁護士会会長、74年日本弁護士連合会副会長、79年衆議院議員当選、以後、連続4期当選。85年大蔵政務次官（現財務副大臣）、88年衆議院環境委員長、現在も県内外で弁護士業務、講演等、活発に精励している。

※「熊さんの名著紀行」の引用部分は、中略、段落詰めの場合、「／」で表記しています。

最高《さいこう》の結果《けっか》を生《う》み出《だ》す
心友力《しんゆうりょく》
その気配《きくば》りで人生《じんせい》を拓《ひら》く

2022年3月1日　第1刷発行

著　者　熊川次男
発行人　久保田貴幸

発行元　株式会社 幻冬舎メディアコンサルティング
〒151-0051　東京都渋谷区千駄ヶ谷4-9-7
電話　03-5411-6440（編集）

発売元　株式会社 幻冬舎
〒151-0051　東京都渋谷区千駄ヶ谷4-9-7
電話　03-5411-6222（営業）

印刷・製本　シナジーコミュニケーションズ株式会社
装　丁　弓田和則

検印廃止

Printed in Japan
ISBN 978-4-344-93801-4 C0090
幻冬舎メディアコンサルティングＨＰ
http://www.gentosha-mc.com/